JN316766

信仰についての対話 I

安田理深

大法輪閣

はじめに

親鸞仏教センター所長　本多　弘之

本書には、安田梅様の序文（昭和四十一年発行、四冊本の第二集の序）と山下成一氏の「序に代えて」（昭和三十七年発行、第一集の序）が付けられている。これらによってほぼ事情は推察することができると思うが、いささかこれに小生の感想を加えておきたい。

安田梅様は、安田理深先生の奥様で、一生を聞法に捧げた希有な方であった。昭和十年から、京都に仏法を学びに来る学生のために、仏法を聴聞する会座として「学仏道場・相応学舎」が、安田理深先生によって始められた。仏法一筋に聞法求道の志願を生き抜こうとされる安田理深先生を支えて、厳しい生活苦を乗り越え、先生亡き後（昭和五十七年二月命終）も、相応学舎を相続され、百三歳のご長命を求道一筋に生きられた方である。この梅奥様は、若い頃に速記術を学ばれて、まだ記録する機器が開発されない頃、仏法の講話を文字にして残す作業をされていた。

たまたま、聞法者の兵藤格言氏（四国宇和島の農家）が一九五八年（昭和三十三年）夏の農閑期に、上賀茂の安田理深先生宅を訪ねて来られた。熱心に質問を繰り返し、泊まり込みで信仰の問答を続けられた。ところがまた翌年も来られて、一年前とほとんど同じような質問を繰り返されたという。それで奥様は、その対話を速記され、それを文に直して兵藤氏に送って読んでもらうことにした、と言っておられた。その対話の記録を受け取って読みながらも、なお納得できない兵藤氏が、九十歳近い高齢にもかかわらず、宇和島から夏の京都を毎年訪ねて、泊まり込みで問答を続けられたのである。その記録のあることを伝え聞かれた求道者の山下成一氏が、「序に代えて」にあるように、安田理深先生に懇願してお許しをいただき、書物にして下さったのである。

このたび、大法輪閣編集部の小山弘利氏が、愚生にこれを復刊したいとの希望をお伝え下さった。今年は、安田理深先生没後丸三十三年になる。読み返すと、六十年余の年月を超えて、宗教的情熱が伝わってくるような対話の雰囲気がある。現代の困難な社会状況において、人生の根本問題に苦悩する方々に、必ずや聞法の手助けになるものと確信できるのである。二十年ほど以前に草光舎の田中重光氏も、この書を是非復刊したいと言われて、二冊本にして刊行していただいたことがあったが、すでに品切れ状態であり、その草光舎は事情があって解散しているので、この度の大法輪閣の申し出を受け、相応学舎の許可を得て復刊することにしたものである。

復刊に当たっては、草光舎刊『信仰についての対話　I』（平成九年一月五日発行　第一刷）を底本としつつ、読者の便宜をはかって、本文の上欄に見出しになるようなキーワード、および安田理深先生の重要語句などを、大法輪閣編集部が丁寧に入れてくださった。これを手がかりにして、じっくり拝読すると対話の現場に参加出来るような思いがすることである。

二〇一五年一月

信仰についての対話 I 目次

第一会

〔一九五九（昭和三十四）年・夏 / 一九六〇（昭和三十五）年・夏〕　安田理深　兵頭格言

第二会

〔一九六一（昭和三十六）年八月四・七日
一九六二（昭和三十七）年八月七・十一日〕

安田理深
兵頭格言

「信仰についての対話」Ⅱ／目次

第三会　一九六三（昭和三十八）年七月十二日～十五日
第四会　一九六四（昭和三十九）年七月

装丁・山本太郎

序文

本書は、去る一九六四（昭和三十九）年七月に、兵頭格言様が四国宇和島より来られて、主人に「信仰の問題」をたずねられたときの記録であります。

兵頭様は雑誌『真人』を通して主人を知り、最初に来られたのは昭和三十三年か四年ごろであったと思いますが、その後毎年一度ずつはるばると来られて、さまざまの質問をされたのであります。昭和三十九年にすでに九十歳を数えられましたから、今も健在ではありますが、再び来られるのは無理であろうかと思います。

今本書を読み返してみて、よくぞここまで問うて下さったと、兵頭様の求道心に深い感謝の思いをもつのでございます。以前に山下成一様の御熱望により発刊された『信仰についての問と答』を読まれた方々の強い要望がありまして、この度兵頭様の御承諾を得て、この記録が公にされることになりました。同じ問のくり返しもあり、ただありのままの速記で、文も整えてなく、また聞き違いの箇所もあると恐れておりますが、その点何卒お許し下さいますよう願ってやみません。

昭和四十一年五月

安田　梅しるす

（『信仰についての問と答』第二集序文より。送り仮名等一部改めました）

序に代えて

本書は、四国に在住の一求道者が八十七歳の老体をもって、京都上賀茂に安田理深先生を訪れ、信仰上の諸々の疑問を訪ねられたときの記録であります。恩借の機を得てこれを拝読しますに、そこには、われわれの問いたくてなお問い得ぬ問が出され、聞き難き信心の要が惜しみなく答として展開されてありまして、私は心から深く感銘して、これが、速記をされた安田理深先生の奥様の手許に秘せられて、求道の士を益することなきを誠に遺憾に思い、「個人のための話である」と、御許可なき先生に再三懇請して、ようやく今、同心の友に贈る所以であります。

昭和三十七年三月

山下　成一　謹白

（『信仰についての問と答』第一集序文より。送り仮名等一部改めました）

安田理深（やすだ　りじん）

一九〇〇（明治三十三）年　兵庫県美方郡温泉町に生まれる。

一九二三（大正十二）年　大谷大学専科に入学。

一九三五（昭和十）年　学仏道場「相応学舎」を開塾、以後逝去されるまで講義。

一九四三（昭和十八）年　東本願寺にて得度。

一九六七（昭和四十二）年　肺結核のため入院。

一九七一（昭和四十六）年　退院。

一九八二（昭和五十七）年　逝去。

兵頭格言（ひょうどう　かくげん）

一八七五（明治八）年　愛媛県に生まれる。

一九五八（昭和三十三）年　京都に安田理深を訪れる。以後七年間、毎年夏に入洛する。

一九六九（昭和四十四）年　逝去。

第一会

一九五九（昭和三十四）年・夏
一九六〇（昭和三十五）年・夏

十方衆生と私

十方衆生とは他人のことではなく、私一人のためであったというのが信心

誰でも本願の中

大行

われわれが気づく前に本願が行じている

【一】

兵頭　一念ということは聞いておりますが、本願は私の方からは一念ですが……。

安田　十方衆生ということと、私のためということとは矛盾するわけではない。十方衆生のための大きな本願であるが、それが私のためだというところに信心がある。十方衆生のための法であるが、私一人のためというところに機がある。十方衆生というのはほかにあるのではない。一人一人が十方衆生である。法としては、十方衆生のための本願であるが、十方衆生というのは他人のことではなかった。私一人のためであったというのが、信心である。皆が十方衆生ではない。一人一人が十方衆生である。十方衆生ということは自分のためだ、ということ。それが信心である。だから、それを法とすれば、自分は本願の中にあるわけです。誰でも、いかに迷っていても本願の中にある。南無阿弥陀仏という形で、本願が行じている。これは誰にでも与えられている。南無阿弥陀仏という形は、われわれが気づこうが気づくまいが、本願がわれわれに先立って、南無阿弥陀仏として十方衆生の中に行じている。それが大行というものである。大行とは、本願が行じられているということである。誰か個人がどこかで念仏を称えているということではなくて、願が行じている。南無阿弥陀仏として、われわれが気がつく以前にもう与えられてある。

兵頭　本願の中に生かされているのですか。

安田　それに気づかせて頂くのが善知識である。釈尊が世に出られるに先立って、阿弥陀仏の本願があるわけです。本願はわれわれのために起こされたのであるが、しかしそれでは気がつかない。気づかせるのは教えである。本願は教えを超えている事実である。われわれの血となり肉となって行じている。その行じているのに気がつかない。それを気づかせるための教えである。われわれが気づかない先に本願が行じていないならば、どれほど教えがあっても気づくことはできない。本来あったものが自覚されるのが教えである。われわれの自覚を呼び起こすのが教えである。本来なかったならば、いくら聞いても気づかない。

兵頭　あるというのは、衆生にあったのですか。それを本願と気づくというのですか。

安田　信心というものも、法というものも始めも終わりもない。いつからということもない。無始無終です。始めもなく終わりもなく、日夜不断に行じている。ただわれわれは気がつくということができない。教えによってはじめて気がつく。しかし本来なかったなら、どれほど教えられても気がつかないはずである。

無始無終の法

兵頭　気がつくということは、そういう本体をもっているということですか。

安田　われわれの宿業《しゅくごう》の中に流れているものです。昨日まで疑いがあったが今日から疑いがない、と割り切れるものではない。われわれが生きている限り疑いはなくならない。根が深い。深いけれども、そこに疑いがあり、わからないことがある。そこに人間の悩みが

人間の疑いと悩み

ある。それがわれわれの悩みである。

兵頭 われわれの悩みとは。

安田 いろいろわからないことがあって問うてこられる。そこにわれわれは生きている。法は完全であるが、信心という問題になると割り切れるものではない。すかっと割り切れたということはない。本願を疑うということは、どういうことかといえば、自分を放さない。我です。我を頼る。本願を疑う疑いのもとは、仏の智恵というものがないためにはっきりしない。そのために自分を頼る。本当のことがわからないと、本当でないものを本当にする。自分を捨てない。自分を本当にする。その我執というものは根が深い。根が深いといっても、その根が深いということも信仰によって教えられていく。

本願を疑う我執

兵頭 自分の疑いの根が深いということも教えられてくるのですか。

安田 疑いというものは、一生なくならないものですが、その疑いを信心が包んでいく。むしろ、疑いというものによって深まっていく。ああこれも自分の疑いであったと、いかに否定しても否定できないところに、信心が歩んでいく。疑いというものが信心を掘り下げていく。そうでしょう。疑いがない人は生きている意義がない。どれほど年をとっても、若い者に劣らず生きているという意義が疑いによって与えられる。そこに信仰の歩みがある。一歩一歩、歩んでいく。

疑いによって信心が深まっていく

兵頭 歩んでいって、はじめて自分というものの一切が間に合わぬということの中で、何

信心を決めようとする心

かを頼っていることに行き当たってくる。しかし、本当の信心ということが決まらないのです。

安田　それは、決めようとする心が実は疑いであり、自力の信心です。自分の力で自分の信心を固めようとする。それが疑いです。

兵頭　そういう心はもうないように思うのですが。

安田　いま言った我執というものは根が深い。われわれの意識の底に根があって、一応はっきりしたようであっても、再考してみると、そこにはっきりしないものが出てくる。信心というものは自覚ということです。これは他人のことではない。自分の問題でしょう。他人のことをいうならば何でもない。しかし自分自身の問題です。

兵頭　それがどうも道理に合わない。どう思ってみても納得できないということがあります。自分自身が承知しません。

安田　人が承知しても、自分がうなずかないものがある。

兵頭　どうしても法を頂き聴聞するよりほかにないが、自分の地金にひっかかってうなずけない。それでちょっとの間も惜しんで、お育てにあずかるよう本を読んでいますが、道理はわかっていますが、そこに片付かないものがあります。片付かないものは往生一定《おうじょういちじょう》という問題で、それが気にかかります。

安田　それよりほかに問題はない。はじめから往生一定より問題はないでしょう。ある意

往生一定は自分でどうにもならない

信心が回向であった

回心

南無阿弥陀仏の中にありながら外にいた

味では、往生一定なんかどうでもよいのが信心です。往生一定は自分がどう思っても自分でどうにもならないのです。

兵頭 はじめて手放しのできる世界に出たいと思っているのですが、他力回向《たりきえこう》、他力回向と、回向を待つような気がするのですが。

安田 それは、あなたが回向を聞いて、教理として回向をはっきりして、信心を起こそうと思うが、信心というものが回向であったと、信心が信心を自覚するのです。回向ということを聞いてから信心を賜わるのではなく、信心が回向であった。実はわれわれには信ずるという心はありはしない。そういう自分に頭が下がったのが信心です。信心が信心自身を自覚するのです。

兵頭 それを自覚というのですか。

安田 回向というとちょっとわからないが、回心《えしん》です。心がひっくり返るのです。その回向というはたらきが、名号《みょうごう》です。それを法が行じている。南無阿弥陀仏が行じているのです。それでわれわれの上に回心が起こる。南無阿弥陀仏の中に南無阿弥陀仏を自覚する。南無阿弥陀仏の中にありながら外にいたと、改めて再認識するのです。これから入るのではない。本来そこにいたのです。われわれが勝手に外に出て拒んでいた。

兵頭 拒んでいたのですか。

安田 法としては、法の中に包まれて法の中で育てられていたということです。そういう

法蔵菩薩お仕事

地獄一定

法の中におりながら外へ出ていたのが拒んでいたことで、自分を頼る思いが拒んでいたのです。

兵頭　何か探す気になりますが。

安田　探すということが背いていること。本願を頼るのでなく自分を頼っていた。その自分に気がついてみると、南無阿弥陀仏でないものはない。南無阿弥陀仏を自覚するのも南無阿弥陀仏のはたらきです。探すというけれども此方からいうと探す、向こうの方からいうと名乗ってくるのです。人間の我執は深いものであるが、それを悲観するのでなく、深いということもまた自覚されてくる。貪欲《とんよく》・瞋恚《しんに》・愚痴《ぐち》しかない私が本願の機《き》となる。そういう仕方のない凡夫《ぼんぶ》を目指して、法蔵《ほうぞう》菩薩《ぼさつ》はお仕事を起こされたのでしょう。わからないままでも、思案しても凡夫は落ちるものであるが、本願はその機を目当てにできたものだといっても、それだけではどうも承知できない。理屈をいえば回心であるが。

兵頭　自分というものは役に立たないとわかっていても回心しないのは、満足せずに何か自分を探す。

安田　人間の智恵は決まったものであって、本願を疑うということはもったいないことではないか。そういう気持ちをもっていても、地獄は一定《いちじょう》と聞かせてもらっていても、地獄よりほかには行かれないと承知していても、地獄へは堕ちないとは思わないが、まだまだ死なないと思って、そのうち法というものがわかるようになると延ばしていたのでしょう。

死の苦痛

自分一人のことを考えるから死が怖い

兵頭　いままで法に遇《あ》いながらそのままにしていたというのではなく、法に遇うより仕方がない。いま、死の立場に立つと言っておりながら本気になれない。人の問題でなく自分自身に立って、自分が死の立場に立ってみても、何やら向こうを探す。ちょうどよいように与えられている道理はないかと自分勝手なことを思う。自分自身の疑いが、信心というものも人のものではない自分自身のものですから、自分というものがはっきりしないと、人から言ってもらっても自分が目覚めなければ仕様がない。その目覚めるということが自分としては難しい。

安田　あなたは死んでから地獄に堕ちるように思っておられるが、死ぬということより生きていることの方が苦痛です。死ぬことが苦痛か生きていることが苦痛かといえば、生きていることが重い。あなたは死ぬということで自分一人のことを考える。人のことなど心配しない。自分のことしか気にかからない。それは個人のわがままです。それだから如来も一切衆生といってある。人間が生きているということは、一人が人類です。一人一人が人類であって一切衆生を背負って生きている。生きていることが大きな悩みです。自分一人のことを考えるから死ぬことが怖くなってくるのでしょう。

兵頭　そうです。自分一人のことと、とっていくのです。これは法に生きればそういうものではないということは想像がつきますが、これは自己がはっきりしないからだと思うのです。いまのお話は一応理知でも判断のできる道になります。人間は法から聞かされると、

あなた一人のほかに全人類はいない

自己と自我

本願の中におりながら、衆生も本願もほかにしている

自分一人で立ってはいけないということは聞いておりますが、その一人で立ってはいけないということよりも、もう一つ自分ひとりが死んでいくということが、大変です。

安田　それは思いです。あなたの解釈です。実際はあなた一人のほかに全人類はいない。あなた一人のところに本願が呼びかけられているのである。そういうのが本当の一人である。ところがあなたの一人はわがままです。自己ではなく自我です。自我というのはわがままものです。

兵頭　十方衆生というと大勢のように思いますが、自分も十方衆生の中にあるとは思っても、本願は十方衆生の本願のように思うのです。

安田　それはあなたの思いに立っている。あなたは自我というものを思い、自我を救うために本願を思う。みんな思いです。思いは妄想です。本願を手段にして自我を救おうと思っている。そういう自我の立場です。そういう思いの必要のない本願の中におりながら、本願に背いている。あなたは、地獄というものもほかに思う。衆生もほかにあるし本願もほかにある。ただ自分にあるものは自我という思いだけである。思いが外にしているのです。しかし本願も内なのです、自己の内です。あなたは、思いというものでせっかく内に来ているものを外にしている。腹を立てたり欲を起こしたりしているのが罪ではなく、その思いが罪なのです。

兵頭　今日はこれを考えさせて頂きます。

わがままな自我の思い

宿業をもちける身

身と心

妄想はみんな話にする

安田　自己ということと、自我とを区別しなければならない。思いが本願の機ではない。あなたの我執です。

兵頭　思いと我執が混同して。

安田　本願もそこに生きている。それが自己です。あなたのは自我の思いです。本当の自己にかえるのが教えです。自我の思いというものはわがままなものです。人のことなど何とも思わない、それが妄執です。仏法でも人でも何でも手段にする。そうして自我を満足しようとする。それが成就しないのは当たり前でしょう。欲は満たされれば満たされるほど不満でしょう。欲の満たされたことはない。

兵頭　そうすると、一切のものが本願の内にある。自分自身が本願の内に入れられているのですか。

安田　聖典には、皆宿業[1]をもちける身と書いてある。機《き》の深信《じんしん》を自身と書いてある。

兵頭　自分のどこかに、間違いがあると思います。

安田　それはあなたの心に間違いがある。身は親鸞一人《いちにん》がためという身です。心は我執です。あなたは心が我だと思っている。仏法も話、地獄も話になる。しかし、自己の身はある。血が流れて生きている。それは話ではない。打てば響くものです。妄想は、みんな話にするものなのです。

兵頭　何でも、世間でそういうふうにしてきています。

心は計らい、身は現実

計らう先に生きている

安田　心というものは、当てになるものではない。わかったといっても当てになるものではない。その心の妄執というものはなかなか深いもので、曠劫《こうごう》からいまに迷ってきているものです。迷わしたものは心。迷ってきたのは身。ここに信心は、身を機にして成り立つ。

兵頭　心は動きづめですから機になりません。

安田　だから、心は如来の心を頂く。自分に如来の心を賜われば、そこに身が成就する。

兵頭　何が身になるのですか。

安田　宿業の身です。心というものは計らいです。身というのは事実です。現実です。生きているということは計らいのない現実です。計らいで生きているのではない。生きているから計らうのです。計らう先に生きている。思いというものが先に立って迷わしている。回心懺悔して、如来の心にかえる。それで、はじめて皆落ち着ける。身というのは本願のものである。それを自分のものだと思っている。

兵頭　本願というときに、一つの法というものから、そこにはたらく如来の本願が一切の衆生に大慈大悲であって、一切の衆生を救いたいというのが本願だという。一切衆生を救いたいというご念力が、十方衆生の生きとし生けるものに至りとどいているというわけになるのですか。そうすると、皆至らないものはないというのですか。その本願をわれわれが無視しているのですか。

安田　本当の我というものは本願の内にある。ただ、わが心が逆らう。わが身にかえるの

本願に帰する

自己にかえる

身にそなわっているのは道理。心で考えるのは理屈

業道自然、本願自然

われわれは業として本願に背負われている

が本願に帰するということである。

兵頭　自己にかえるという言葉がわからなかった。

安田　自己から本願が始まった。思いでどうにでもなるものではない。あなたには全部が話になってしまう。

兵頭　菩提心がないのですか。

安田　そうです。煩悩が満足しない。理知は話にするけれども、身が何か気にかかる。心は話にするし、身は話に満足しない。あなた自身の中に矛盾が起こっている。身にそなわっているのは道理です。心で考えるのは理屈です。しかし理屈にあわなくても、道理にあえばよいのです。自然の道理です。道理に救われる。理屈には迷うのです。道理を理屈に換えるのは心です。

兵頭　如来に救われるのでなく、道理に救われるということがあるのですか。

安田　自然の道理にかなうということです。具体的に南無阿弥陀仏という形で、本願の道理が現われている。業《ごう》というものから本願の道理を象徴してある。業道《ごうどう》自然《じねん》が、本願自然を語っているのです。業を背負っているのは本願です。われわれは業として本願に背負われている。

兵頭　本願は業を背負って本願を起こされているのですか。そうすると、業を背負ったということは、私の宿業を本願が背負って下さる。自分というものの宿業を本願が背負って

下さるということは頂くのですが、衆生になったというときに、衆生の悪業の中に本願のはたらきがあった。悪業を滅するということが本願のはたらきですか。悪業を消滅するということが、本願の機となるということとは違うのですか。

安田　それは、業を転ずるのです。

兵頭　そうすると、衆生の業は。

業に任せ、業から逃げない

安田　業は消えるのではない。業を背負う力に気がつけば、業が強ければそれを背負う力は更に強いのである。ある意味では、業がなくなるとも言えるけれども、業に任せ得る。いかに業があってもそれは消えたのと同じこと。業から逃げない。

兵頭　本願の業に従う、ということですか。

本願の大願業力

安田　心が本願に帰すれば、それは業を背負う力でもあるわけです。本願の力は業力《ごうりき》・大願業力です。

兵頭　衆生に本願のはたらきがあることをわからそうと思いますが、自分の日々の悪業については。

自力が捨てられないという懺悔

安田　自力が捨てられないという懺悔がある。役に立たないものならば捨てられそうなものだが、捨てない。そうなれば、捨てないということだけがある。捨てられないものだというそこに頭の下がるものがある。捨てられないものだから、話を聞けば捨てられるようになると思っている。それは、捨てまいということ。捨てられないということがわかるこ

本願をたのむ
たのむことができないから、南無阿弥陀仏が与えられている

としかない。親鸞聖人は懺悔ができないと言っておられる。大抵の人は懺悔したというが、ご開山は懺悔ができないという具合に言っておられる。それが大事です。善導大師が言っておられることであるが、懺悔ということはなかなかできないことである。涙を流すような懺悔は一番軽い。本当は、全身から血が出る。汗を出し涙を流すというのは一番軽いもの。人間に懺悔ができるということはないことである。南無阿弥陀仏が懺悔である。われわれに懺悔ができないから、われわれに代って法蔵菩薩が懺悔しておられる。だから、ご開山聖人は自分は懺悔ができないものだと言われる。懺悔したとはご開山は言われていない。ご開山のような方が、自分は懺悔ができないと投げだしておられる。本当に懺悔ができないという。それが南無阿弥陀仏です。

兵頭　法蔵菩薩が、皆私のために懺悔して下されたのですか。

安田　そうです。われわれからいえば南無、たのむという。それが最後の懺悔です。そういう理屈をいかに考えても無駄である。その止まないものを続けずに、それはそういうものであるとして、本願をたのめよという。それが南無阿弥陀仏です。たのむことができないといっても、できないために南無阿弥陀仏がある。あなたがたのむことができるならば、南無阿弥陀仏はいらないのである。たのむことができないから、南無阿弥陀仏が与えられる。法蔵菩薩自身がたのむ。たのむというのは仏の心です。仏が人間に代わってたのむのです。たのむ心はすでに南無阿弥陀仏に成就してある。あなたがたのむことはできないか

ら、南無阿弥陀仏が与えられている。できないあなたのために、南無阿弥陀仏がある。南無阿弥陀仏と、こう頂くことだけが残っている。できるかできないか試験してみる必要はない。試験する必要がないために南無阿弥陀仏が与えられている。これから百年生きていてもできない。何十年あなたが探すという。さがしても何もできない。そういうことを仏が知って、南無阿弥陀仏を成就された。南無阿弥陀仏が与えられていればこそ、あなたは素直になれる。素直というのはあなたの心ではない、仏の心である。南無阿弥陀仏によって仏の心を頂く。それがたのんで助かったことである。

兵頭　南無阿弥陀仏ということを常に耳にしております。なぜか、南無阿弥陀仏というわけがわかりたいようにも思います。

安田　あなたに代わって仏がたのみ、かつ助けて下された。もう、あなたのことはすんでいる。ああ、そうであったかと気がつくことである。これから何とかたのむ心になりたいと百年かかってもできない。非常に単純なことです。だから、南無阿弥陀仏があったら、あなたはどれほど疑ってもよい。たのまなくてもよい。しかしあなたの心は百年経ってもさっぱりしない。

兵頭　さっぱりできなくても、南無阿弥陀仏があればそれでよいのですか。

安田　あなたの気がつくのに先立って、南無阿弥陀仏が回向されている。あなたがどんなにしてもたのめない人間であるから、法蔵菩薩が本願を起こされて南無阿弥陀仏を与えら

どれだけ疑ってもよい

疑う心を縁として

自分を叩きこわす必要はない

人間は複雑、南無阿弥陀仏は単純

れた。非常に単純であるが、どれだけ疑ってもよいのです。疑うなといえばそれはできない。あなたは疑わずに信じようとしてこられたのでしょう。あなたの心は、百年生きていれば百年の間疑う心ですから、そういう疑いのすたらないあなたのために南無阿弥陀仏ができている。だから、あなたはあなたの心に頼る必要がない。南無阿弥陀仏に頼ればよい。あなたの疑う心はそのままでよいのです。そうしてみれば疑う心を縁として、本願のお心が知られてくる。あなたの生きている間、それが南無阿弥陀仏のはたらきです。大抵あなたの疑いというようなものは、仏はすでに知っておられるのですから、どんな疑いがあっても仏はびっくりされるようなことではない。これから千年命があっても疑っている。それはあなただけではない。私の心も同じことである。自分を叩きこわす必要はない。生きている間は疑う心はなくならない。起こすまいとしても起きる。起きても頼る必要はない。

兵頭　私はもつれているから、立ち上がれないのですね。

安田　自分の力で立ち上がる必要はない。南無阿弥陀仏で立ち上がるのです。人間は複雑なもので単純になれない。南無阿弥陀仏は単純である。たのめば助かる。ああ、そうであったかということです。南無阿弥陀仏が単純であるから、あなたの心がどんなに複雑でも差し支えない。

兵頭　自分が複雑なのは自分でわかっていて、自分で閉じ込められたように動けないのです。

宿業の身にかえることが、人間が人間になること

如来の命があなたになったり私になったりしている

安田　そういう自分に目をつけるからいけない。そういう自分に呼びかけられている本願に目をつける。あがけばあがくほど泥海に入ったようになる。人間の心というものはそういうものである。

兵頭　私はこの年になって、人間が人間になっていないということがようやくわかってきました。

安田　宿業の身にかえることが、人間が人間になることです。宿業の身は本願の中にあるのですから、これから宿業の身が本願に入るのではない。本願から始まった。ただあなたの身は本願の中にあるが、心は本願の中にはない。それはいたずらもの。そういう心には同情する必要がない。だからそういう心を相手にしても解決がない。人間の心というものは解決のないものです。

兵頭　宿業の身といいますが、自分自身のもっているものを宿業というのですか。そうすると、その宿業も本願が宿業になって下されたという意味があるのですか。

安田　如来の命というものがある、それが宿業であなたの命や私の命に差別されている。本当は如来の命ですが、それが宿業であなたの命や私の命になっている。宿業というけれども、もう宿業の中に宿業を超えた如来の命がある。如来の命があなたになったり私になったりしている。あなたは私と異なっているようであるが、如来の命ですから一如《いちにょ》です。宿業で一如を差別している。宿業に気がつけば如来に任《まか》したことになる。

宿業は如来に任す

宿業と本能

阿頼耶識と末那識

兵頭　どうするわけにもいかない。

安田　どうするわけにもいかないし、またどうする必要もない。本願をたのめば、宿業は如来に任したことになる。

兵頭　宿業は一如が差別して下さるというのはどういうことですか。

安田　如来からいえばそういうことになるわけですが、宿業だということがなかなかわからない。宿業よりも思いの方でどうかすればどうかなると思う。みんな自分の力で生きていると思っているが、宿業で生かされている。人間は思いで生きているものではない。

兵頭　宿業のために遇えるのだということですが、その宿業も本当いうと、はっきりわからないのです。曽我先生の本には宿業と本能とは一つだとよく出ていますが、その本能というものも、自分にははっきりわからないのです。

安田　本能ということは、理知よりも深いものを現わす。人間は頭で生きているのではない。もっと深いところに人間はある。それを宿業というのです。われわれをしてわれわれたらしめているものです。ただ、宿業ということになれば一切衆生が自分である。宿業を通してあらゆる衆生が関係する。そのつながりという意味です。理知は人とか我とかと差別する。宿業ということになれば、みんな続いている。

兵頭　これが阿頼耶《あらや》ですか。

安田　末那識《まなしき》が分別するのです。阿頼耶というものが本当の人間です。そして共にこれ凡

法蔵菩薩の因位、如来の因位がわれわれ

十七願・十八願

夫です。そこに非常に落ち着いたものがある。宿業を離れて本願を考えるならば、本願は天のものになってしまう。本願は大地のものです。宿業は身です。阿頼耶というのは身の自覚です。末那は心です。

兵頭　末那というものがはたらいていて、阿頼耶がさとりに近いのですか。

安田　そうです。言ってみれば本能のさとりです。

兵頭　理屈というものは、自分自身の身びいきをするだけのものですか。

安田　そうです。そして解釈して区別するのですから、思い上がりです。如来は宿業のところまで下りて本願を起こされた。そこに、法蔵菩薩の因位、如来の因位がわれわれである。われわれと無関係なところに因位があるわけではない。そういうのが道理です。理屈ではないのです。

兵頭　十七願、十八願ということについてお聞かせを。

安田　ご開山は、十八願に先立って十七願がある。十七願ということは法を表わす。法を成就している。諸仏が証明するということは、法の成就ということを表わしている。十八願は機である。機と法というが、法の方が上である。法というものが絶対のものである。法は南無阿弥陀仏であるが、これは絶対無限に、誰でも・いつでも・どこでも助かる本願成就の法である。けれども、機になるとはっきりした人もあれば、なかなかはっきりしない人もある。機はいろいろあるから十八、十九、二十と三願ある。機は三願で成就する。法

諸仏称名の意味

は十七願一つ。法という場合、法というものを成就するという意味が諸仏称名である。衆生に知らしめるという意味もあるし、阿弥陀仏が直接自分を証明せずに阿弥陀仏の本願が間違いないことを証明している。一切諸仏は、阿弥陀仏の本願にふれたならば誰でも諸仏になれるということが、証明である。

兵頭　諸仏というのは、普通にいえばお釈迦様をはじめ七高僧が諸仏といわれているのに、もう一ついえば、他力の信心を得た人はそういう資格がある、ということですか。

安田　仏を証明するということは、凡夫が証明することはできない。あらゆる諸仏がそれを讃嘆する。諸仏が諸仏となったのが本願です。本願に助かった人が本願を証明しているのである。阿弥陀仏の本願というものが諸仏称名ということによって、大行として証明される。だから、願が行となる。願を証明するのが行である。一切衆生界が本願を証明している。諸仏称名ということはそういうことを表す。阿弥陀仏の願が行として証明される。

法然上人と親鸞聖人の行と信

兵頭　少し話は違いますが、法然上人と親鸞聖人の行と信については、法然上人は信の立場に立たれないように思われますが。

安田　法然上人自身は、はっきりしておられたのであるが、行の方が法然上人の時代には大事な問題であった。

兵頭　親鸞聖人とは、安心が違っているのではないのですか。

安田　そんなことはない。七高僧は皆同じです。行の一念がないと信の一念が出てこない。

十九願、二十願

如来の行の上に衆生の信を立てる

自分の心で自分の信心を造ると独断になる

信というものも、行がないと信を立てることができない。

兵頭　行がないと信は立てられないのですか。

安田　すべてのものが南無阿弥陀仏の本願を行じているという。そこへ気がついたのが信心です。あなたは自分の胸ではっきりさせようとする。しかし自分の胸でひっくり返す必要はない。大行の上に大信を立てる。大行の上に大信を立てないのが十九願や二十願である。それは大行であるが、信心は自力である。名号が大行であり大信である。この大行がなければ信は胸の中に立てるよりない。十八願の信はどこへ立てたらよいかわからない。十七願の大行の上に十八願の大信が成り立つ。まず、如来の行がある。如来の行の上に衆生の信を立てる。

兵頭　そうすると、十七願が要ですか。

安田　行のほかに信を立てるのが妄想です。自分の信心が手造りの信心になる。自分の心で自分の信心を造ると独断になる。独断になるけれども、まだそれが決まらない。決まらないからいよいよ決めねばならなくなる。

兵頭　そうすると、十七願というものは一切諸仏の行になっていて、その行から信を与えるというのですか。

安田　そうです。それを頂くだけ。大行というものに目を覚ますのである。大行という南無阿弥陀仏の中にはじめから置かれている。それが大行である。それが回向である。諸仏

大行の回向

諸仏の教えを聞かせてもらったら、教えられる先に大行として名号があった

招喚

称名ということはいろいろいってもわからないのである。大行を回向されてあるということを表わしている。そういうことを十七願で表わしている。大行の回向です。南無阿弥陀仏をもって回向してある。

兵頭　自分というものは、どこにも、立場がないのですか。

安田　南無阿弥陀仏がそこに信ぜずにはおれない道理というものを成就されている。それを諸仏に聞かせてもらうのである。名号のいわれを聞くという。聞くということで信というものを開くようにしてある。そこには、一つの教えを聞くというご縁をまって。信というのは自覚である。自覚の眼を開くという。自覚を開くものを教えという。その教えというものは南無阿弥陀仏についての教えである。名号というものが教えより先にある。諸仏の教えを受け教えを聞かせてもらったら、教えられる先に大行として名号があった。先にあるものに気がつく。

兵頭　名号というものが十七願の名号成就だと聞いておりますが、もう一つ名号というものは衆生を救う道理とか理とか。

安田　理だというけれどもお心です。あなたを助けようとして下さるお心を聞く。南無阿弥陀仏というのは、あなたが眼を覚ますまで叫んでいる。招喚《しょうかん》というのは叫びです。自分に合わせるのではない。自分の心に南無阿弥陀仏の理屈を合わせるのではない。しかしあなたのは皆理屈になっている。如来の勅命によって理屈は破れるもの。自分を標準にして

聞いているので、自分に合うのは聞き、合わないものは聞かない。それは聞いているのではない。

兵頭　私はそうとは思わないけれども、そうなっている。理屈に合わないものはうなずかない。いよいよ身びいきしかない。

安田　われわれが南無阿弥陀仏に目覚めるのである。あなたの場合はこちらにもってくることになる。そうではなく、こちらにどんな心があろうとそれに合わせずに、向こうの方の呼びかけを聞く。名号というものがなければ、本願を聞く場所がない。広大無辺の如来のお心には形がない。名号ではじめて形になる。信ずるのは名号、信じて助かるのも名号。

兵頭　その名号が一切衆生にわたっているのですか。

安田　一切衆生の中で行じているのですが、しかしながら、それを拒んでいる心があって、因縁が熟さないわけです。因縁が熟さないといっても、ただ棚からぼた餅を待っているのではない。時機が到来して目を覚ますというのであるが、ただ待っているのではない。本当に熟さなければ聞けはしない。聞きたい心もあるし拒んでいる心もある。拒んでいる心は小賢しさです。南無阿弥陀仏のいわれといっても、自分のために本願を起こされたそのお心です。理屈ではない。話でもない。自分に合わせればすべてが話になってしまう。話を破るのが勅命である。話は死んだものであるが、その話を破るのが勅命です。勅命ということも話になれば、勅命という話は勅命ではない。

広大無辺の如来のお心には形がない。名号ではじめて形になる

南無阿弥陀仏のいわれ

助かりたい、信心を得たいは欲

本当に如来のお心を得れば、助からないでもよいようになる

二十願の自力の信心

兵頭　手も出ねば足も出ない、言葉も出ないということになるように思います。

安田　手も足も出ないというのは我慢しているというのは、それは自分で固執しているのです。本当はもう出す必要がない。もう手も足も出す必要がない。如来のお心に目覚めてみれば、如来の方が手足になって下さっている。目覚めぬ限り欲です。助かりたいというのも信心を得たいというのも欲です。けれども、如来のお心は欲ではない。助からなくてもよいのが如来のお心です。本当に如来のお心を得れば、助からないでもよいようになる。一切衆生が助かれば自分は助からなくてもよい、というのが公明正大の心である。

兵頭　そうなりたいのですが、なかなかなれません。

安田　なりたいのも欲です。自分だけ助かりたい欲がある。

兵頭　そうとばかりは思われないのですが、自分だけ助かればよいという気がひそんでいます。

安田　そういう人間の心というものは、案外わがままなものである。その心で助かって、本願を頂いてみても本願を使うことになる。念仏が手段になる。阿弥陀仏を手段として自分が助かるということになる。

兵頭　念仏を手段にするということは。

安田　それが二十願の自力の信心です。人間の心で信ずる限りは、二十願です。あなたが

回心

信心を決めようとする。決め得るかもしれないが、それは仏法を自分のために利用していることです。

兵頭 他力を信ずるということは皆目わかりません。

安田 信ずる心が他力回向なのです。信ぜられるものは他力で、信ずる心は自力というのが二十願です。南無阿弥陀仏は有難い。しかしそれを信ずるのは自分の心で、信じたいとなる。

兵頭 まったく成就しないものと聞かしてもらっていても、ついそうなります。

安田 そうなるということが、本願を利用しようとする小賢しさがはっきりすることでしょう。あなたには回心《えしん》がないし懺悔もない。ああ、すまないことであった。もったいないことであったという、それが回心です。その回心がないのは、自力の罪がわからないことである。あなたは自分を立てているが、いま言ったようにそれが本願を自分に翻訳しようとする。その小賢しさが罪です。

兵頭 始終、向こうばかり探して。

安田 探す心に含んでいる我執です。向こうから探していられる。

兵頭 それならば自分が楽になるので、どうしても回心さしてもらわなければならない。

安田 その、さしてもらうということが逃げているのです。それが頭が下がらずに、明日に延ばすことです。あなたはいつも明日に延ばしてきた。もうそれは無駄ではないか。そ

仏の南無によって

自分が捨てられない

れほど我慢が強いことがはっきりするはずです。それでも南無にはならない。自分を立てていたならば南無にはならない。仏がまず南無しておられる。招喚というのは仏が南無しておられる。仏の南無によってわれわれが阿弥陀仏に南無することができる。そういう尊いことが南無阿弥陀仏です。

兵頭 どうも、はっきりしません。

安田 はっきりさせてもらいたい、というのも計らい。わかるというのも自分に合わせることです。理屈に合って助かったことはありません。

兵頭 おかしい話ですが、他力がわかったらなるほどと得心がいくと思って。

安田 それは予定です。予定を作ってはいかん。それは賢さです。こうなるはずだと予定している。こうなってこうなるはずだと。しかしそれはすべて予定でしょう。救いの計画をあなたは立てている。それは救済計画ではないですか。話を聞いておればこうなるはずだ。その奥にまたこうなると予定している。自分が見えないでしょう。

兵頭 見えません。

安田 それが計らいです。それがあなたの我慢の罪の姿です。己れを空しうして聞くということがない。皆合わせて聞くのです。しかしいくつ合わせてみても成就しない。

兵頭 成就しないことはわかっています。しかし、成就しないものを捨てられない。

安田 それがわかっていないことです。無駄だと言いつつ捨てられない。自分が捨てられない。

兵頭　役に立たないと聞かしてもらっておりますが、捨てられません。

安田　役に立たないということも、ここまで来たらわかるでしょう。役に立たないものならば捨てたらよさそうであるが、捨てられないでしょう。

兵頭　放さないのです。

安田　捨てられないのではない。捨てない根性がある。それがあなたを苦しませているのです。否、あなたを苦しませているのではなく、仏を苦しませているのです。仏はあなたよりもっとあなたの中に入っている。

兵頭　如来を苦しませていることになるのですか。

安田　捨てられないというと弱そうであるが、捨てないのです。そこに捨てられないという懺悔があるはずです。それが見えれば助かる。

兵頭　自分の心からいえば、代わりが欲しい。一方にあったら取り替えようとする。何かないと淋しくてよう捨てられないということになる。

安田　あなたのような年輩になると、財産でも何でも捨てるが自分を捨てない。金も何も捨てたけれども自分を捨てない。自分を捨てれば、金も何も捨てる必要はない。みんな回向されたものになる。

兵頭　自分は大した結構なものでもないようですが。

自分の思いに執着

自力の心で念仏するか、他力の心で念仏するか、自力・他力は自分にある

安田　それを我執というのです。自分の智恵に執着するとか体験に執着するとか、そういうことではない。自分そのものに執着する。自分がもっているものに執着するのではない。自分に執着している。自分の思いに執着している。思いには内容がない、ただ思いだから。分別に執着している。

兵頭　何かがなければよう放されないように思いますが。

安田　そうです。自力を捨てるけれども他力を掴《つか》む。それは他力という名前の自力です。本願という内容の、他力という内容の自力です。それは自分のもち替えではないですか。こういうふうにもち替えばかりやっている。もち替えする心が罪です。

兵頭　その心が探すのです。

安田　自力・他力・本願といっても、みんなあなたは向こうに置いている。自分を少しも見ない。それが罪です。向こうのことはどうでもよい。地獄は悪い。本願はよい。地獄を捨てて本願を掴みたい。もち替えているところに自力がある。自力・他力は向こうにあるのではない。信心にある。自力の心で念仏するか、他力の心で念仏するか、自力・他力は自分にある。あなたは他力というけれども、他力という形をとっている自力です。自分のつまらない智恵は役に立たないものだ。他力の智恵を掴みたい。その掴みたいが自力です。掴まれたものが他力であっても掴めば自力にしてしまうのです。自分に気がつけば掴む必要がない。探す必要のない世界が南無阿弥陀仏です。そういうあなたがもち替えたりする

身は南無阿弥陀仏に摂取されているのに、あなたの心は疑っている

必要がないように、南無阿弥陀仏になって下された。

兵頭　南無阿弥陀仏に遇いながら、満足しないということですか。

安田　南無阿弥陀仏より自分が大事だからです。来たれよというままに行ける。それを自分の力にしようとする。それはいらぬことです。

兵頭　そうすると、南無阿弥陀仏は私と離れないものでしょうか。それがわからない。

安田　如来のお心がわからないのです。それで自分の心を捨てられない。あなたの身は南無阿弥陀仏に摂取されている。業は本願の方で先に背負っていられるのですが、あなたの心が承知しない。いろいろもち替えるのはあなたの心です。あなたの身は引き受けて、あなたの上に南無阿弥陀仏は成就していられる。それにもかかわらず、あなたの心は疑っている。身はすでに本願が始末していられる。心は使う必要がない。その心をああ間違いであったとひるがえす。それが回心です。

兵頭　先を探して、聞こう聞こうと思う気ばかりで、自分の心が邪魔をしていることに気がつかない。

安田　だから本当に聞こうというのではなかった。心に合わせていたのである。それを聞かせてもらってはっきりしてきたのです。それを拒んでいるのは知です。それは自分で捨てられない。自分を賢いものだとは思わないけれども、それを捨てない。きつい言葉でいえば反逆です。

わからない人

あなたより先に如来が在しますということ

兵頭　反逆になりますか。

安田　そういうつもりはないけれども、謗法《ぼうほう》になっている。そこが大事なところです。あなた一人ではない。わからない人は、皆そういうところでわからないようになっている。どういう人でも皆そういうふうに行き詰まってくる。あなたがその代表をしている。それほど我というものは深いものです。

兵頭　どうにかしたいということが心にあるのですが、どうにもなっていきません。

安田　どうにかしたいけれども、どうにもならない。それは自分の思いです。その思いは妄想だから百年たっても堂々めぐりであり、それは我執です。その心がその妄想が反逆して拒んでいる。如来の心に反逆している。如来の方はあなたへ来ているのであるが、あなたが勝手にほかへ出ている。

兵頭　如来の方から来ているということが、はっきりわかりません。

安田　それは、それほど深いのです。あなたより先に如来が在《ま》します。

兵頭　そういうことは、道理としてわかるのですが。

安田　そういう心があるから、半分はあなたが聞きたいというのは欲である。これを裏からいえば、本願のご催促です。あなたは表面からみれば全部妄想であるが、裏からみれば如来の心です。如来のお心があなたに現われようとする。あなたの方ではそれを拒んでいる。拒んでいるが如来のお心が現われようとする。何とかはっきりしたいということは全部が妄想かといえば、裏からみれば如来のお心があるわけです。
兵頭　人のことではないが、どうにも動けないことになった。
安田　それは自分が自分で苦しんでいるのです。人が苦しめているのではない。どうしようも方法がないのです。罪ですから、罪をどうしようということはない。
兵頭　これはやめようとするが、やめることはできません。
安田　本当に自分の罪が自覚できないならば、逃げだすよりないでしょう。ああすまなかったという心になれないというのは、どうしてですか。まだ、あやまりたくない。それほど深い罪ではないのですか。回心懺悔というとごついようですが、南無阿弥陀仏がはっきりしてくる歩みですから、あなたは苦しんでいるようですが、素直に南無阿弥陀仏、ああ何の計らうこともなかった、それが回心懺悔。それを自分の力で回心懺悔しようとすればできない。懺悔ができないという懺悔です。それが南無阿弥陀仏。それが南無の心です。

懺悔ができないという懺悔

兵頭　懺悔ができないのです。
安田　懺悔ができないと、頭が下がった、それが南無です。懺悔できないということを聞けば、またあなたは懺悔しようとしている。それが懺悔のできない心です。懺悔ができないから、如来が南無阿弥陀仏として成就して下された。懺悔の徳を示して下された。南無阿弥陀仏というところに、人間は赤子のように単純になる。
兵頭　懺悔するような気はないのです。

全身が南無になる

称えなければ、行にならないのでは?

称えるということは象徴で、努力のいらないことを表わす

安田　できませんという懺悔がある。そこに南無阿弥陀仏が成り立つ。はじめて南無阿弥陀仏を与えられたお心がわかる。我慢・我見を張っていた全体が南無になる。あなたの我見、自分を捨てない心は、ちょうど石のような心です。如来の南無は水のお心です。岩が水に負けるということがある。あなたの岩のような心も、水の心は妨げない。岩であるけれども、水を頂くことができる。あなたが岩でなくなることは無理である。あなたは自分は岩だという。それが水にふれる。水を受けるのである。岩が水に負けるのです。

兵頭　信の一念ということは、南無阿弥陀仏を信ずるということですか。

安田　それも南無阿弥陀仏。行も信も南無阿弥陀仏。

兵頭　言葉に、南無阿弥陀仏と称《とな》えなければ、行にならないのではないですか。

安田　称えるということは、いまの言葉では象徴ということ。声が別に行ではなく、声に出すことも行ではない。称えるということは象徴で、努力のいらないことを表わす。別に称える努力が行ではない。どんな努力もいらないということを、称えるということで表わしてある。誰でもできることである。

兵頭　声に出さないと、行にならないように思いますが。

安田　それが間違いである。大経に大という字がつけてある。念仏も南無阿弥陀仏も称名も同じことである。称えるということが回向されている。別に称えるということに加える

信ずることも回向されている

のではない。信ずることも回向されている。南無阿弥陀仏に信ずることを付け加えようとする。それがあなたの疑いです。

兵頭　信ずることは、回向ですか。

安田　そうです。信じさせようという計らいができている。南無阿弥陀仏と頂くところに、もう信は成就する。そこで、一番大事なことは十七願・十八願。その十八願は機です。

兵頭　私は、南無阿弥陀仏をさして信というのかと。

安田　それでよいのですが、南無阿弥陀仏がなければ何もない。法蔵菩薩が仏になられた徳を、南無阿弥陀仏をもってまず衆生に回向する。阿弥陀仏の本願には回向ということがある。南無阿弥陀仏が回向である。回向ということを離れると、ほかの仏の名前との区別がなくなる。本願の名前・阿弥陀仏の名号の独特なことを回向ということで現わす。

兵頭　如来から衆生に与えられる。

安田　南無阿弥陀仏をもって与えられる。

兵頭　名号をもって与えられるのですか。

安田　本願の行となる。本願の行というのは、はたらくのである。行というのは、はたらくことです。

兵頭　私は、如来の願いが願心であって、行というものは衆生に与えられたもの。衆生が称えるものかと。

衆生が称えるということはいらないこと

生まれぬ先から南無阿弥陀仏の中にあなたはいる

南無阿弥陀仏は本能として、あなたの中で行じている

安田　衆生が称えるということはいらないことである。努力のいらないことである。第一諸仏称名といってあるが、称えるというのは仏のお仕事である。諸仏称名です。仏仏相念です。十八願は衆生、十七願は諸仏の行・諸仏の称名。衆生は称えるのではなく、南無阿弥陀仏となった如来のはたらきを頂くのである。われわれは罪悪深重《ざいあくじんじゅう》の凡夫です。凡夫が念仏するのではない。願心が行ずるのです。

兵頭　願心が行ずる。

安田　南無阿弥陀仏というすがたをとって行ずる。願心というのは形のないもの、広く深い如来の心は涯底がないもの。そういう形のない純粋なるお心が南無阿弥陀仏という形をもって行ずる。それだから、あなたがわかるとか、わからないとかという先に本願が行じているのです。生まれると共にもっている。いや生まれぬ先から南無阿弥陀仏の中にあなたはいるのである。これが大事である。本来、南無阿弥陀仏。本願は南無阿弥陀仏として一切衆生の中に普及している。これが本《もと》です。あなたが気がつく以前にです。南無阿弥陀仏が行じて、血となり肉となったのが信心である。これは理屈以前のこと。あなたが理屈がわかるとかわからないと言っているが、②南無阿弥陀仏は本能としてあなたの中で行じている。本願からみれば衆生の中に、南無阿弥陀仏が流れている如来の命です。どんなに衆生が煩悩に狂わされようと妨げない。南無阿弥陀仏が一切衆生の中に生きているから、われわれは聴聞して、ああそうであったかと気がつくことができる。本来与えられているも

如来回向

名号が来ているから目覚める。目覚めさせられるのを聞くという

のに気がつく。与えられていないものならば、いくら聞いても気がつかない。

兵頭　与えられているということは。

安田　本来与えられていることを、如来回向という。これから回向するのは自力の回向です。本来与えられているのが如来回向です。

兵頭　順序がはっきりしません。

安田　あなたの話はいつでも自分にもってこようとする。来ているのです。来ているのに取りにいこうとする。もう来ているのです。来ているから、こちらは目覚めていくのである。名号が来ているから目覚めるのである。目覚めさせられるのを聞くという。聞其名《もんごみょう》号《ごう》、聞く以外に信はない。聞いてから信ずるのではなく、ああそうであったかと聞かせてもらうのが信心。これで心を固めるのではない。

兵頭　信じなければ、自分のものにならないように思います。

安田　それが計らいです。自分のところへもって来ようとするのを捨てて、裸になって聞けばよい。

兵頭　蓮如上人が、われわれが信ずる、と言われることが苦になります。

安田　その当時、ただ口で称えていたから、蓮如上人がそれではいかん。信ずると言われた。その頃は、ただ念仏は口で称えればよいと思って称えていた。それではいかん。自覚であると注意された。みんな口で称えていた時代がある。口で称えるのが行ではないと、

信心

如来の計らい

そういうふうに象徴したのである。もう努力のいらないということである。いまさらわれわれが努力する余地はない。如来から回向されているのに気がつくのが、名号のいわれを聞くということ。ああそうであったか、と気がつく。それが信心。それを何でも自分の方へもって来ようとする。それが間違いである。信心といっても、如来が血となり肉となっていて下されたということに気がつく。行が信心。行を信ずるのではない。如来より回向された行が信になるのです。

兵頭　如来の行がわれわれの信となる。

安田　そうです。われわれの信ずるのが如来の計らいです。

兵頭　如来の計らいそのままが、われわれの信ですか。

安田　法にふれるというと、如来のお心が行じてきた結果として、如来のお心がわれわれの上に成り立つ。信ずるというのはあなたの心を固めるのではない。如来のお心に目覚める。如来のお心ならば助からなくてもよいのである。どうしても助かりたいと欲を起こすのが、人間の心。如来のお心は地獄でもいとわない。それが如来のお心。あなたの心は何ほど話してみても我見・妄想です。迷わせているものばかり。あなたがわからないのが、有難いのである。わかったら大変です。わからなくて困っているが、わかったら自力を自覚することはない。そこにはわかる・わからないの話は消えてしまう。わかる・わからないの心があっても取り合う必要はない。ただ如来のお心にふれて懺悔するよりない。如来

信じようというのは欲

如来があなたになっている証拠

より信心を賜わって懺悔する。信心が懺悔する。懺悔するのは如来のお心である。懺悔して信ずるのではない。信ずると懺悔ができるのである。南無阿弥陀仏を賜われば懺悔ができる。だから、素直に南無阿弥陀仏を賜わらずにはおられないようになる。

兵頭 自分の信じようとする心が計らいですか。

安田 信じようというのは裏から言えば欲です。己れを空しうして聞く。無理に信ずるのではない。本願が行じているその事実に気がつくのである。理屈の上に信心は成り立たない。如来の話であろうが、自覚の話であろうが人間は信じない。しかし、事実そのものには信じないではおられない。行というところに証拠がある。如来があなたになっている証拠がある。事実を見なければ信ずることはできない。南無阿弥陀仏というのが本願を行じている事実です。事実でありながら、心は見まい見まいとしている。それが事実として証明している。また行として証明している。諸仏というのは本願を証明している人を諸仏。議論して証明するのではない。事実としてです。

兵頭 わからないと申しては失礼な話ですが、本当はわかりません。

安田 あなたの考え方が逆になっている。あなたの考えは人間の考えです。仏法では逆になる。

兵頭 自分は曽我先生と先生との著書は見ずにおれないのですが、そういう中に自分が誤解しているのですか。南無阿弥陀仏を離れて本願にふれることができるかというが、南無

宿善の到来

弥陀をたのむ

どうたのむか？

阿弥陀仏は念仏を称えなければふれるようにならないと。

安田 そうではない。南無阿弥陀仏が一切である。そこに呼びかける仏がある。南無阿弥陀仏以前にある仏は偶像です。だから、南無阿弥陀仏の外にある自分は妄想である。

兵頭 私と仏と一緒だと思います。それだけは得心しておりますが、何かここに宿善が到来したらこれを信じなければならない。

安田 宿善の到来といっても、苦しんでいるのが到来。気がついたときに求めなければならない。気がついたときが宿善の到来です。

兵頭 お説教を聞きに行きますが、私の聞きようが悪いかもしれませんが、本当の仏法ということになりません。話が人集めの興業のようになってしまうのです。何が本当の話か、何が信の一念か、わからないのです。

安田 信といっても、疑いなく弥陀をたのむ。たのむのに疑いがない。だから、南無ということで信心を与えてある。南無とたのむ。たのむという形で信心を与えられる。

兵頭 たのむたのむといわれるから、衆生がたのむように考える。そこに、南無とたのむことがわかりにくくなります。たのむと願うを一つにしております。

安田 たのめば、如来の願が自分の願となる。

兵頭 たのむのは、どうたのむのですか。

安田 助けたまえ、とたのむ。何もなしにたのめというのではない。名号があるから如来

名号は、仏からいえばたのめ助けんという本願のお言葉

南無阿弥陀仏は、仏の声であると同時に、われわれの返事

がたのめよ、といわれる。南無阿弥陀仏という形で、我に来れと向こうから名乗ってある。何にもなしにたのめといわれるのではない。向こうから呼びかけられている。たのむとは、呼びかけに対する答えです。われわれが勝手に助けたまえとやっているのではない。地獄に堕ちようが堕ちまいが、あなたにお任せする。あなたをたのむのである。あなたのお助けをたのむのではない。助かろうが助かるまいが、あなたをたのむ。

兵頭 名号をたのむ意味と違いますか。名号に助けられるという意味と違いますか。

安田 名号は、仏からいえばたのめ助けんという本願のお言葉です。それをわれわれが頂くのは、たのんで、助かったということになる。われわれからいえば助かったである。たのめという言葉にたのむことが成就している。たのめという呼びかけでたのんだことが成就している。われわれは、はいそうですか、とたのめばよい。

兵頭 いやはや苦労します。苦労ばかりしています。

安田 たのめといわれてから、たのもうとするが、そうではない。たのめよとわれわれに聞こえたのが、たのんだことである。南無阿弥陀仏は、仏の声であると同時に、われわれの返事である。その時は全身が南無阿弥陀仏。だから、信心全体が如来の本願です。その中にいろいろ解釈しようとするから、間違ってくる。解釈する余地がないようにできているから南無阿弥陀仏である。それだから、五劫思惟《ごこうしゆい》といわれる。義《ぎ》なきを義《ぎ》とする。われわれの計らいというものは必要がない。如来のお計らいが南無阿弥陀仏。如来のお計らい

南無阿弥陀仏が先に来ていて、われわれを呼び覚ます。それが信心

にわれわれの計らいを加えるのではない。あなたは如来のお計らいに、もう一つ自分の計らいを加えようとするが、そうではない。われわれの計らいはいらないことです。南無とたのむということは、助けんと計らわれて南無阿弥陀仏と頂く。頂くことによって、頂かないことが懺悔される。なぜ名号が先にあるのか。もし信心が先であったならば百年経っても駄目である。南無阿弥陀仏が先に来ていて、われわれを呼び覚ます。それが信心。それが血となり、肉となっている大きな事実です。計らいの入らない事実です。それがまことの事実です。われわれの妄想とは人間の心である。如来の本願が事実である。われわれの思いより先にある事実である。本願というも名号というも如来の智恵ですから、智恵といえば光です。太陽が出て闇が晴れてから太陽にふれるのではない。光に照らされて自然に晴れる。晴らそうと思わなくても晴れる。南無阿弥陀仏は太陽です。すでに夜は明けているのに戸を閉めていて、あなたがマッチを探しているようなものである。自分で自分の信心をはっきりさせようとするのは、マッチを探しているようなものである。それよりも戸を開けたらよい。自分が戸を閉めているだけである。

兵頭　道理はわかりますが、事実というものがわかりません。

安田　事実というものは行です。願行、願が行じているのです。

兵頭　如来の願心ですか。

安田　願心が願心に留まらず行じている。行のない場所に信はない。行が成就したのが信、

如来が行としてわれわれの内に入り、満ちてこられたのが信

如来が行としてわれわれの内に入り、満ちてこられたのが信。われわれが信ぜずにはおれない事実。入り満ちてきたのである。

兵頭　どうしてもわかりません。

安田　あなたはまだ命があっても、その心はなくならない。そういう心を立場にしている。それより南無阿弥陀仏が立場である。そこに立たなければならない。心に立っては駄目である。駄目だから南無阿弥陀仏がすでに与えられてある。そのことに気がつけば、なるほどそうかというところで、はじめて自分の心が起こっても起こらないようにする必要がなくなり、放っておける。

兵頭　南無阿弥陀仏を立場とする。

安田　あなたの心が起こっても任せておけばよい。起こってもそれは立場ではない。心はなくならないけれども、立場にする必要はない。

兵頭　やはり自分を立場にしております。名号が立場になるとは。

安田　如来が立場を念仏として与えて下さっておる。念仏の立場に立つのが信心。あなたの心を立場にすれば仏法は客になる。客とすれば理屈になる。それに相手になっていては、あなたは日が暮れてしまう。念仏を立場にするというのは、向こうから衆生の立場になっていて下されること。向こうから私の立場に立って下さる。こちらの勝手にするのではない。

自分を立場にしていた心をひるがえして名号を立場にする

兵頭　それが回向ですか。
安田　それが回向です。
兵頭　自分が名号の立場でないからわかりません。
安田　あなたは上においている。上においては客になる。仏法を対象にしている。そうではなく、名号の方が立場です。それが夜が明けたのです。

【二】

兵頭　名号と一緒になるということを聞いておりますが、それがまだ一緒になれません。
安田　なれないのではない。ならないのです。邪心があるのです。それは邪心といっても、話を正しく教えてもらわないのですから聞かないうちは無理もないことです。説教というのは、人間の心を立場にして肯定しているのです。だから聞く人をお客さまにしている。仏法を聴聞する人の気にいるような話をする。しかしその心は敵です。いくら喜んでもそれは人間の心です。名号に賜わる心ではない。これまで自分を立場にしていた心をひるがえして名号を立場にする。それが回心《えしん》です。心を回する。これまで間違っていたものをひっくり返す。過ちを改めるには計りなし。誤りだと気づいたならば素直に改めたらよい。ああそうであったかと、それを私のない心。素直にうける心の起きたのが信心、私のない心の起きたのが南無阿弥陀仏。

南無阿弥陀仏が立場になれば理屈は消えて道理になる

兵頭　そうであったかと、自分の驚くべき道に出なければならないと考え、私も聴聞して。

安田　そうです。向こうから押しよせてきている。せっかく来ているものを見ないようにしているのです。時機が到来しているのに、到来せぬようにしている。

兵頭　こうしてお話を頂きましても、ここに自分の自己というものがないのです。自己が座らないと話が決まりません。

安田　自己が座るというのは、南無阿弥陀仏が座り場所です。

兵頭　自己と口ではいいますが、あるのやらないのやらわかりません。

安田　自己というものは何とでもいえるが、本当のわが身といえばよい。宿業、それが自己である。それは南無阿弥陀仏の中にすでにある。あなたのいう自己とは自我である。それは我執です。それが理屈をこねる。それを相手にしたところで際限がない。どんなにいっても解決のない無駄なことです。なくそうとすることが理屈になる。だから、そういうことを解決してから本願に入るのではない。本願に入れば自我があっても頼らないでよい。人間は生きている限り理屈をいうが、あなたはその理屈に頼る。理屈はたたきこわす必要はないのであって、南無阿弥陀仏が立場になれば理屈は消えて道理になってくる。

兵頭　南無阿弥陀仏を自分の立場にするということがわかりません。いつまで自分の自我を詮索しても同じことをくり返すのですが、その方が私自身にはよいのです。自分自身に名号に照らされていることは知らないことではない。そう思わないでもないのですが、弱

本願の方で往生成仏させて煩悩を転じて下さる

いというか、座りになりません。

安田 それはあなたの考えです。行は事実です。照らされているといってもそれは観念です。

兵頭 昨日のお言葉に行が証になるというお言葉がありましたが。

安田 行が証になるのではない。証を行じている。証が涅槃です。宿業の上に涅槃の徳が行じられているのです。

兵頭 それなら、わからないはずです。わかるところにとどかないからわかるはずがない。

安田 証とはさとるということ。理とすれば仏の位ですが行としては凡夫である。証が行として本願がはたらく。はたらくというのは、あなたの宿業の上にはたらく。そうすれば、宿業が転じて証となる。煩悩即菩提。悪も恐れなしと、こういわれるのである。あなたの身は往生しようとかそういうことを考える必要はない。本願の方で往生成仏させて煩悩を転じて下さるのである。光は照らすのであるが、本願を光とすれば行として内から照らし動かす行（はたらき）である。あなたの中に入り込んで内から名乗っている。本願といえば奇麗な人間の上に行ずる必要がないのであって、人間は生きている限り罪を犯すものであるが、その宿業の中に本願がある。あなたの思いより先に本願があなたの体に行じて下さる。

兵頭 私はもう、本願に照らされていると。

理屈を言うより先に生まれて生きている。そこに如来の命がある

われわれは自分の宿業として如来の命を生きている

安田　照らされているというより先に行ずる。行が大地、宿業の大地を機として行ずる。行は肉体にある。わが身に行じている。

兵頭　その上にあるということが、自分自身には知られないものですか。

安田　いや、そういうことがあるから知らされる。なるほどとうなずける。知る以前にすでにはたらいている。あなたはいろいろ理屈を言うより先に生まれている。考えた結果生まれたのではない。理屈を言うより先に生まれて生きている。理屈を言えることも本願が生きているからである。だから本願の中で理屈をこねているということ、本願が確かだということは生きている道理の確かさである。命あっての物種ということがある。あなたは生きているということを忘れて、理屈ばかり考えている。生きているということが先ではないですか。

兵頭　何で生きているかということは知りません。

安田　知らないより先に生きているではないですか。そこに、如来の命があるわけです。われわれは自分の宿業として如来の命を生きている。あるいは、如来が宿業の上に行じているといってもよい。南無阿弥陀仏の命です。

兵頭　如来が私の宿業の中にはたらいて下さる、ということは聞きますが、これが非常に不安でわかりません。

安田　生きているということと、不安ということはどうなるか。

生きるということは考えて知ることではなく感じて知っている

兵頭　生きているといっても、自分で生きているように思っている。

安田　あなたは、生きているのがわからないか。

兵頭　ただ、うかうかと日を送っているような有様で、名号は私のために御成就であるということを口で言うばかりで徹底しませんが、自分でこれ一つが確かになったならばあとは必要ないと思います。

安田　そういう考えてわからない者のために、名号があるのです。あなたのような人のために南無阿弥陀仏の名号があるのです。理屈というものは人間にあるけれども表面のものです。もっと宿業を感ずる。命というものは考えるものではなく感ずるもの、考えて知るものではなく感じて知る。あなたも感ずるということがあるはずです。生きるということは考えて知ることではなく感じて知っている。考えたことは忘れるけれども、感じたことは一生忘れないものです。

兵頭　向こうにあったものが自分に響いたことで、感じたということはわかりますが。

安田　そういうものではない。生命というものは外にあるものではない。あなたの生きていることを生きていることが感ずる。

兵頭　生きていても、何で生きているのかということはわからない。すべてが皆さんのお陰によって。

安田　そういうことは理屈です。生きているというのは、あなたの言う、ただ幸福のために生きているというのではない。

兵頭　自分というものがどうしてもここに名号というものがなければ、どこにも自分の行き場が立たないということは、道理も理屈もわかりませんが、合点しているのです。合点はしておりますが、仏法を自分の我の上に聞いておりましたから、我の上に法を取り入れたところで、自分自身の都合のよいように計ろうとします。自分の中に取り入れよう。自分は根本的に役に立たないものだ。これをそのまま名号の中に練り直すようにはならないものだろうか。これが転入というものだろうかと思いますが、区別がつかないのです。行がないから行を求めようということにもいかないのです。

安田　まあ、行を求める道はあるけれども、それは難行道《なんぎょうどう》です。

兵頭　それは、到底及ばないことです。

安田　それは及ばないかどうか、やってみないと、わからない。

兵頭　名号に願と行とある、と聞いておりますが、その中の行を頂くのと違いますか。

安田　それに違いないのです。あなたは求めると言っていられるが、求めてはいないのです。与えようと言っておられるのに頂かないのは、いらないのではないですか。本当に行を求めるならばあげようと言っておられる。それを頂かないのに、これから求めるという。それでは、あなたの気持ちはもち替えたいのです。与えられてあるものを、もう一度自分の力でもち替えたいのです。握りたいのです。これからあげるのはいらないことだ。如来

願行具足

はっきりさせたいという気持ち

二十願

自分の力で信じようとする

が与えてやるといわれる。それを自分に握りたいのです。自分の力にしたい、それが自分の立場です。南無阿弥陀仏の立場ではない。あなたはどうしても自分の立場にかえっていく。

兵頭　南無阿弥陀仏には願行《がんぎょう》具足《ぐそく》と聞きます。南無阿弥陀仏に願も行も具足していると聞きますが、この名号を自分のものにはしないのですが、ここにそうならないのか、なれないのか、ならないというよりいいようがないのですが。私にはどうしても承知してくれないものがあります。

安田　あなたのいうことは、よくわかる。願行具足の南無阿弥陀仏がすでに成就して下さってある。それをはっきりしたいというのは、握りたいという気持ちがある。ただ来いよといわれるのに、それを自分のところへもって来たい。自分の根性に入れたい。

兵頭　そうなれば、はっきりすると思います。

安田　自分のところへもって来たらはっきりしないものです。はっきりしたら独断になる。あなたのように迷っているからよいが。念仏を称えるのを力に助かるという仏法を自分の信仰にしたいのは、それは二十願です。二十願ということは、二十願までは実は我執が見えない。二十願ではじめて念仏を私しようとすることがわかってくる。二十願は大切である。十八願と思っているが実は二十願です。自分の力で信じようとする。

兵頭　自分をはっきり名号の中に置きたいという気持ちを心の底にもっているのですが、

南無阿弥陀仏と信心とが別になる

たのめよというお言葉にうなずけたのがたのんだのである

どこまでいってもこれが誤っているのですか。

安田　いってみれば、南無阿弥陀仏と信心とが別になる。南無阿弥陀仏は他力ですが、南無阿弥陀仏を信ずるのは自分の力になる。それはたとえ頂けても、信じているのは自分の心、信じられているのは南無阿弥陀仏。そこに紙一重ということがある。ひっついているようだが別のものである。こうしているものこうなっているものに変わりはないが、一緒になっているようだけれども、別である。南無阿弥陀仏が信になる。信を加えるのではない。こちらから信ずるのでもない。南無阿弥陀仏自身があなたの中に名乗りを上げてきた。あなたの根性を叩きこわす必要はないけれども、南無阿弥陀仏自身に帰するわけです。南無とたのめという言葉、そこにもう改めてたのむ必要がない。たのめよというお言葉にうなずけたのがたのんだのである。

兵頭　南無も阿弥陀仏も揃っているのですから、その名号を私のために御成就下されたと。ここまでは言葉の上では承知しておりますが、その私のための名号の中に、もう一つ他力の信心ということを、蓮如上人が言っておられるように、何かはっきりしたものがわかるのではないかとこう思います。それが迷いであって、できるものではないのですか。

安田　私のためのご本願であったと言ったときに、あなたにはわかるはずだと思います。これまで自分の心に本願を翻訳しようとしておった。その我が間違いであった。ご本願はせっかく南無阿弥陀仏を成就していられるのに、その中に我に立っていたのは間違いであ

本願成就ということ

ああかたじけないというところに、如来の心が人間として成就した

ったと、そう気がついたときと同時に、本願があなたになる。

兵頭 私は本願というのは名号のいわれでないかと思うのですが、それが成就するということは私の機の上に成就するということになるが、本願が私の機にはじめて成就したから、信心というものになるのだ。本願が成就したところが信心だといいますが、その成就ということが自分には本当にわからないのです。

安田 わからないならば、あなたには何もないわけです。

兵頭 成就ということが、自分自身の機にわかっていないのです。

安田 私の話を聞いてうなずけた。ああそうであったかということは、あなたの心ではない。如来の心である。

兵頭 成就というのはそういうものですか。

安田 はじめて南無することができた。それが如来の心を賜わった。南無しないのがあなたの心。南無というのは頭が下がったこと、自分の頭が下がったこと、下げたのではなく、下がった心・砕かれた心、それが如来のお心で、人間の心ではない。如来のお心は威張っている心ではない。自力無効と砕けた心、それが一如の心です。この心が人間の上に現われるならば、ああすまなかった。ああもったいないことであったと現われる。ああすまなかったというのは、人間のいうことであるが、それが一如の心から。ああかたじけないというところに、人間の心であるが、実は如来の心が人間として成就したのである。成就と

身も心も南無阿弥陀仏になって下さっているのに気づいたのを信心という

いうのは実現すること。形のない心が形をとるのは人間。ああすまなかったというのも人間。私は偉いというのも人間。すまなかったというのは人間の心であるが、人間からは出ない心で如来の心の成就です。ああすまなかったという心をあなたが起こされたときに、如来の心は成就した。その心の上にはじめて如来のお心が私のものとなる。下がった心にみんな与えられる。砕けた心ほど強いものはない。

兵頭　このことが、はっきりわからなかった。

安田　すまなかったもったいないことであったということは、無始以来はじめて起こった心です。そのときに南無阿弥陀仏になっている。南無になればそれが阿弥陀仏、南無阿弥陀仏である。如来が眼のない智恵のないわれわれの眼となりまた足となって下さる。向こうに置くことではない。南無阿弥陀仏というのは信心の対象ではない。信心の当体。身も心も南無阿弥陀仏になって下さっているのに気づいたのを信心という。何もないのに信ずるというのではない。

兵頭　信心というのは、本願が自分の身についたときに信心というのですか。

安田　そうです。宿業の身に入り満ちている、しかし対象になったならそれは弱いものである。信心の対象ではなく信心自体です。南無阿弥陀仏というものが私全体になっている。それはもう疑いようがない。身も心も南無阿弥陀仏になって下さっているのが信心。南無阿弥陀仏が自分の全体になっているのが信心。向こうに置くならば向こうは信じられるも

他力を信ずるということ

信ずる心が回向されている

ので、私は信ずるものであるというのは疑です。

兵頭　他力を信ずるということがわからないのです。他力を向こうにながめて自分が信ずるというような具合になる。

安田　他力を信ずるのであるから、向こうに置くようであるが回向ということがある。信ずる心が回向されている。

兵頭　回向成就、回向成就とご意見に出ておりますが、実際、言葉と心とがはっきりしておりません。

安田　書物は、人が聞いて書いているから、聞いた人が自分の頭に聞こえた所だけ書いているからわからないものです。本だけ読んでも疑問が出せないでしょう。質問ができないのです。

兵頭　名号の中に心が座らないためにむずかしいのです。

安田　据えようとするから座らない。こちらが座るのではない、座らせられる。座ろうとするのではなく、計らわれるのである。それが南無阿弥陀仏。全部が南無阿弥陀仏だという具合に頂けたのが信心。信心はいってみれば南無阿弥陀仏。南無阿弥陀仏を頂けば仏は向こうにある訳ではない。仏を背負っている。それを願という。如来の本願に生きる。如来の本願を信ずれば如来の本願を背負って立っていく。如来を向こうに置くどころではない。かえって背負って立つ。自分は偉いぞという心が背負うのではない。私は百年たって

往生しなくてもよい。地獄でも喜んで行ける

南無阿弥陀仏のほかに何ものもない。南無阿弥陀仏というものが地獄を包んでいる

も我のすたらないものだというところに背負っている。それが如来の心です。それであってこそ、悪もおそれない。往生したいという心が地獄に堕ちても後悔しない。自分の救いなどいらない。往生しなくてもよい。地獄でも喜んで行ける。これが自信というものです。如来の心に感動すればそうです。信が成り立てばそれが本願です。一遍です。ここまでわかったけれどもそこまではわからないということではない。一挙にわかる。南無阿弥陀仏のほかに何ものもない。南無阿弥陀仏というものが地獄を包んでいる。それほど広大なものです。仏法の広大というのは言いようのないものです。これまでは、自分が助かりたい、人はどうでもよいと思っていたのが、自分は助からなくてもよい、一切の衆生を助けようという如来のお心に立ち上ってくる。むしろ、自分の救いを撤回するという。如来のお心というものがわかってみれば、自分のようなもののためにご苦労して下されたその心を念じてみれば、自分のことなど思っておられない。仏法を頂くことは休むことではない。むしろ、命のある限りはたらくことです。

兵頭　仕事をやめても仏法を聞かねばならないということを、八十歳になるまで仕事をして、本を読んで。

安田　それは、隠居仕事です。

兵頭　仕事をしてはいけないかと。

安田　仏法の仕事は与えられる。生活の仕事はどうでもよい。

仏法というものは生活の内容です。生活が一変してくる

一切を捨てても仏法を聞かなければならない

招喚

兵頭 名号を背負って立ったところです。

安田 その立った内容はどうです。仏法というものは生活の内容です。生活が一変してくる。念仏が全生活の基礎になる。

兵頭 遊んではおりませんが、これからも自分にできる仕事はやろうと思います。

安田 仕事はどうでもよいのです。生活の基礎です。

兵頭 その生活の基礎が、これまで聞かねばいけないいけないということで。

安田 一切を捨てても仏法を聞かなければならない。一切を捨てるところに生きてくるのです。聞くということが貴重なことです。聞くことのほかに信はない。聞くというそれが信です。聞のほかに信はないのです。

兵頭 聞いて信心を造るということは止めなくては。

安田 そうです。造る必要がない。

兵頭 手造りの信心をこしらえる要はないということですか。

安田 そうです。南無とたのんで阿弥陀仏と救われるのが信心です。南無するというのは、南無と発音していることではない。南無というのは招喚です。

兵頭 勅命の招喚。

安田 招喚であり、またその答えである。

兵頭 招喚に答えたということと違いますか。

勅命は本当の自己の声。ほかから来たのは勅命といわない

如来の声というけれども如来は他人ではない

安田　招喚と答えと二つあるのではない。

兵頭　招喚そのものが答えですか。

安田　そうです。われわれが南無阿弥陀仏ということが、招喚されている事実です。そこに本願の尖端がある。あなたは本願を向こうに置いて、自分がたのむといっている。本願をたのんでいるのが、それも本願のはたらきです。あなたの話にはいろいろなものが混ざっている。あなたはいろいろ本を読まれるから、正しい教えというものをもっているが、これはこうだこれはこうだと理屈を押すのではない。直感です。そうだとうなずく。勅命というのは直感でしょう。理屈ではない。だから、信じない人からみれば何もない。南無阿弥陀仏も勅命もない。勅命というものは声のない声です。声のないところに声にふれるのです。勅命とは、向こうから来るのも勅命というが、根底から来る。われわれが自分といっているのは我であって、勅命は本当の自己の声。他人の声ならば勅命とはいえない。ほかから来たのは勅命といわない。自分の根元の声・本来の声・自己の根元の声を聞く。それを如来の勅命という。本来の自己が呼び覚まされること。外の声ではない。自分の本来の声です。

兵頭　それは本能の声ですか。

安田　そうです。それだからそれがあらゆる疑いを破るのです。他人の声ならばだまされることもある。自己の声です。如来の声というけれども如来は他人ではない。かえって自

如来こそ自分

南無阿弥陀仏によって私となった如来の声を聞く

分の我こそ他人です。如来こそ自分。勅命に従うということは本来の自己の根元にかえることです。

兵頭 自己にかえるということは、そういうことですか。

安田 よそへいくことではない。よそへいくならば迷わされているかもしれない。つまり、自己を忘れるのは迷い。それが迷いから本来へかえる。自分になった本願というものは、自分よりもっと自分に近いものです。

兵頭 自分よりもっと自分に近い。

安田 われわれは自分を知らない。我執です。本当の自己が如来です。その如来こそ生死を痛み宿業を悲しんでいるのです。如来こそ本当に悲しんでいる。自己の生命の根元です。その声を聞いたら全部の人が間違いだといっても動かされない。そうでなければ、動かされ続ける。どうしたらよいかというと、自分の声を聞いたのは自分で聞いたのではない。聞かせようとせられたのが曽我先生。また証明して下さるのも曽我先生、自分を証明して下さる。本というものが悪いのではないが、本で探して理屈を合わせようというのは、何度読んでも自分を証明してくれない。南無阿弥陀仏という形は本来の声を聞けるようにしてある。如来の願というものは他にあるものではない。南無阿弥陀仏によって、自己になった如来・私となった如来のその声を聞く。

兵頭 そうですか。大分近くなりました。

如来が我となって我を呼び覚ます

安田　そういうものにふれて自力・我慢というものが一遍にひるがえる。本当に懺悔せられる。南無阿弥陀仏は文字ではなく、本来の声です。如来が我となって我を呼び覚ましたものに自分を与えるというはたらきが行です。大行です。われわれが寝たりご飯を食べたりしているが、如来は間断なくはたらいていられる、われわれは寝た間は忘れているが、南無阿弥陀仏はわれわれが寝た間もはたらいていられる。

兵頭　そういうところに、法蔵菩薩が。

安田　そうです。自分は客です。われわれは私の方がわれと思っているが、本願からいえば汝です。本願の方がわれである。本願を向こうに置くから自分をわれだと思い、本願を客にするがそうではない。本願がわれです。汝よといわれる。それまでは、われではないものをわれと思っていた。わが計らいをわれと思っていた。

兵頭　本当は、我（われ）というものも我をもって人に主張すると思っていました。

安田　それは我ではない。我執です。我執とは妄想。南無阿弥陀仏は真理です。ああそうであったかと気がついたのが信ですが、その信の中に本来の声を聞くのです。信心の根元です。本願は根です。南無阿弥陀仏を通してその南無阿弥陀仏に満たされたのが信ですが、信というところに本来の自己にふれるのです。

兵頭　その信という中に、本来の声があるというわけですか。

安田　信といえば疑いのないことでしょう。法蔵菩薩の兆載永劫《ちょうさいようごう》のご修行といっても、皆

教えは向こう、心はこちら。それはいけない。教えのままが領解

無理にうなずくのではない。感動するのが信心

南無阿弥陀仏は対象ではない。現実の事実

信の一念の内容です。信を離れるならば昔話です。その信というものも、南無阿弥陀仏のほかに信というものはない。そうでないものはただ我執の心です。

兵頭　信の下に心という字のついたのは、衆生の心にわたった。

安田　わたるも何もない。教えのままが領解《りょうげ》です。教えを領解するのではない。あなたは、教えは向こうにあるが心はこちらにある。それはいけない。教えのままが領解です。教えというものは、南無阿弥陀仏のいわれを説いて下さる。なるほどそうであったかという領解です。無理にうなずくのではない。体が感動しているのです。感動するのが信心です。感動するのが行です。身にあふれている。

安田　ものがはっきりしないのは、取り違えているからはっきりしない。南無阿弥陀仏は誰でも頂けるようにしてあるが、南無阿弥陀仏を向こうに置くべきではない。大地は座るもので、向こうに置いたりして対象にすればはっきりしない。考え違いでしょう。

兵頭　心の座り場を大地というのですか。

安田　現実を大地という。対象にすれば理想になる。現実を行という言葉で現わす。現行ということがある。事実です。南無阿弥陀仏は対象ではない。現実の現在の事実です。信ずるというのは疑いようのないのを信ずる。無理に信ずるのではない。現実にふれて疑いようがない。叩かれて痛いというのは疑いようがない現実でしょう。

兵頭　すべてに、誤解があるものですから。

安田　聞き違いではないですか。対象にするということが間違いである。南無阿弥陀仏がなかったならば何もない。信心がなかったら何もないというよりも、信心より先です。南無阿弥陀仏が先です。信心から出発するとどうしても自力になる。決めるのではない。決まるのです。南無阿弥陀仏に付け加えるのではない。あなたのように信から出発すると間違いになる。信は機、南無阿弥陀仏は法です。法が先です、法が機に成就していく。

兵頭　そうです。法でなければ成り立たない。

安田　そうでしょう。あなたはうろうろしているが、心を固めねばならない。しかし固めれば自力になる。そういう努力はいらない。固める必要がないようになる。それをうなずくという。うなずくとは固めないことです。それによって、かえって固めようとしていたことの罪を知らされる。

兵頭　この固めようとすることが苦労です。

安田　苦労であるけれども、それが罪だということはわからない。反逆であった、そのために如来のご苦労ということがあったと、如来の心を頂いて罪がわかる。罪がわかってから頂くのではない。

兵頭　仏法の聞きはじめは、法の話ばかり聞いていましたが、機の方も必要です。

安田　けれども、法は全体です。法は総てです。機は別です。総別の関係です。南無阿弥陀仏の法の中には、ただの法というものではない。南無阿弥陀仏という場合には、機法一

南無阿弥陀仏に南無がつけてあるのは

法中の機。機中の法

至心に回向したまえり

体といって、法の中に機を付け加えてある。法によって機を成就してある。機は機として回向することはできない。法として機は回向してある。だから、回向するのは法を回向する。本願の名号は、阿弥陀仏の名前はただ阿弥陀仏の四字でなく、南無をつけてある。仏の名前ならば阿弥陀仏だけでよい。南無がつけてあるのは機というものを成就する法なのです。法中の機なのです。

兵頭 法中の機は機中の法といえるのですか。

安田 機中に法を背負うのです。法中の機という場合には、一応われわれが汝よと呼びかけられる。機中の法という場合には、南無阿弥陀仏の主となる。本願の主人となる。船に乗れという。乗った瞬間に船の主となった、法全体が機に与えられる。まずはじめに法によって機を成就し、機によって法を全部頂く。用いる。自由自在に本願の徳をわれわれが使える。それが機中の法です。

兵頭 それを機に奪うというのですか。

安田 奪うというのは、強いのですが用いるということ。南無阿弥陀仏はただご馳走を与えているのではない。箸をつけて与えてある。南無というのは箸です。仏法を頂く箸です。わざわざ本願を立てられたのは、箸をつけてご馳走を与えるためです。

兵頭 そういう気持ちから、至心に回向したまえりということが出てきますか。

安田 至心に回向したまえり。南無阿弥陀仏によって信心歓喜、至心に回向したまえり、

信心を固めるのではない。向こうからそうなる

ということがある。

兵頭　信ということがはっきりしておりません。

安田　信が大事だからといって、信心を固めるのではない。向こうからそうなるのです。信ぜざるを得ないようになっている。

兵頭　自分が信じて固めているような、信心の固まりができるように思って、仰せを頂くことであるのに頭を下げない。

安田　下げたことになっても、下がったことにならない。下げたにしても下げた力、自分の下げた力がある。下げたというけれども上がっている。本当に下がっておらない。下がるということは南無阿弥陀仏でないとできないことである。われわれには下がらない。下がらないから南無阿弥陀仏がある。

兵頭　去年から、南無阿弥陀仏のほかに別に信心を頂くということはないことが承知はできないが何か道理があると、親鸞聖人の念仏よりほかに往生の道は知らないといわれることがはっきりしました。

安田　それは、回向ということがあるからです。南無阿弥陀仏をもって回向してある。教行信証全部を回向してある。ですから、南無阿弥陀仏を信ずるということも南無阿弥陀仏の中にある。そうしてみれば、われわれがわざわざ信じようとしたり往生したいということは、全部無駄な計らいであったことが知らされる。信によって懺悔ができるのです、あ

あそうであったか。それを南無阿弥陀仏なしにやると自分で懺悔しなくてはならない。どこまで懺悔したら懺悔になるか。どこまで自力がわかったのか、人間がやればそうなる。ここまでやったのが信心、ここまでやったのが懺悔と、人間のやることには程度がある。南無阿弥陀仏には程度がない。愚かな人が頂いても、誰が頂いても平等の信、一人一人違った人間が頂いても同じ信、それが他力回向の信心です。懺悔といっても、南無阿弥陀仏のほかに懺悔はない。ご開山は、人間の心は懺悔ができるように思うがそれができないといわれる。できないということは、南無阿弥陀仏の自覚です。それが信心の内容です。

兵頭　われわれの疑うことにはぬかりがある。本願ではないということですか。

安田　聴聞すれば誤りがわかるようになる。本当のことがわかるというよりも自分の誤っていたことがわかる。

兵頭　聴聞するのに自分の考えをもっていて、それで撥《は》ねていく。

安田　そうではなく、自分が撥ねられていく。それだから命ある限り聴聞しなければならない。人間は油断のならないものである。それだから生きている意義もあるので、息をひきとるまで聴聞させてもらえるわけです。

兵頭　誤りをはじめてひるがえさせて頂きました。

安田　どれほどでも聞かせてもらうというのが仏法です。それが有難いことです。それほど底のないものです。

兵頭　光明・名号の因縁が信心というようにむずかしい問題になるようで、そういうことのわけは頂かないのです。また、聞いたとしても、そういうことというものはどういう順序になっていて、それをわれわれが聴聞せねばならないものならば名号の中に成就しているとしても、一応道理を聞いてみたい気がするのです。やはり感応ということは、名号の感応でしょうか。

安田　打てば響くということです。いろいろと分別というものは邪魔になるものです。聞くという形を与えてある。ただ教えを承るという。聞くという形で信心を与えてある。聞いて信心を頂けるのは、本来南無阿弥陀仏があるからうなずける。南無阿弥陀仏がなければ聞いてもうなずけない。聞くということは自分の根性に合わせることではない。

兵頭　お言葉だけはわかります。

安田　仏法がわかるというのではない。教えを聞いて自分をわからせてもらうことです。とにかく、自分に合わせることではないのです。

兵頭　ここが分れ目で、むずかしいことです。法に従っていき自分に取り込むことをやめるというように。

安田　自分を気づかせてもらう。本願の中にはじめからあったという自分を知らせてもらう。本願は私のためであったということを知らせてもらう。

兵頭　本願のはじめに私があった。

法蔵菩薩の初一念

本当のわれは法蔵菩薩であった。私と関係のないものは皆昔話

安田　そうです。だから私が気づくより先に、私のために本願を立てられたことを聞かせてもらう。

兵頭　それならば、大分力になることであります。聞いても自分に力がないものですから、何を聞くかわかりません。

安田　法蔵菩薩の本願を起こされた初一念にかえる。そのはじめを欲生心《よくしょうしん》。助けようと思い立たれた。その初一念にかえるといっても、あるいは法蔵菩薩の初一念は、いまここにあるといってもよい。どちらでもよい。

兵頭　その法蔵菩薩にいままで出遇わなかったようですが。

安田　法蔵菩薩がわれ[3]となった如来です。本当のわれといってもよい。これまでわれと思っていたのは我執で、本当のわれは法蔵菩薩であった。私と関係のないものは皆昔話です。われわれがうなずかない。そのうなずかない心が如来を悩ましている。あなたがひまがかかるのはそれだけ如来を悩ましている。

兵頭　何にしてもむずかしいことで、うなずきにくいものです。いつまでも如来を悩ましていることは気づかせてもらいますが、いつまでも悩ましておくわけにはいかない。

安田　そんなのんきな話があるかね。気づけば一遍に、ああすまなかったということになる。

兵頭　われわれは願もできない。行もできない。罪悪ということにきりがない。五逆罪と

五逆罪

南無阿弥陀仏のはたらき

皆自分びいきであったとわかるのは、仏の心を賜わった証拠

いうことも他人がするような気をもっている。

安田　そうではない。本願にうなずかないのが五逆罪を犯していることで、それが謗法というとわかりづらいけれども反逆です。

兵頭　わからない。この点から理屈を考えてみても、本当に恐ろしいことになる。何一つやれないのに身びいきばかりで立っている。考えてみると身びいきばかりです。どうしてもここで、一切衆生と共にといわれることは。

安田　自分の心は一切衆生を思うということはない。本願のお心を頂いて仏のお心に帰すれば、一切衆生平等ということがある。それが南無阿弥陀仏のお心です。南無阿弥陀仏を信ずるというが、南無阿弥陀仏のお心が信心です。南無阿弥陀仏のお心を、われわれに賜わるのは、ああすまなかったという形で賜わるのです。それが南無阿弥陀仏。これまで長い間自分の思いで立っていたのは間に合わなかったと、自分を立場としていた心をひるがえして仏に帰する。これが回心です。これが南無阿弥陀仏のはたらきです。皆自分びいきであったとわかるのは、それが仏の心を賜わった証拠でしょう。だから、あなたの心は疑いの深いもので、いかに反省してみても疑いは抜けないものであるかも知れないが、南無阿弥陀仏によって仏のお心の中にあるということに気づいたならば、疑いがあっても、その疑いがかえって自分の信を深めていく。別に疑いを恐れる必要がない。本当にかたじけなく法を聞くことができる。本当に感激して聞くことができる。それが本当の聞法です。

仏法聴聞は感激

全身南無阿弥陀仏と気がついてみれば、何もいらない

仏法を聞くということほど楽しいことはない。ああわかったということは深い喜び、自分を憎むことができるというのも、それが仏のお心を賜わったのである。仏法というものは、ある意味では、無限に自分が砕かれるということである。しかしそれにもまして喜びである。仏法聴聞は感激であります。

兵頭　あまり、感激まで出ていかれないから苦しいのです。苦しいといっても、いやではない。何やら聞かれるものがある。聴聞させて頂くのは、わかってもわからなくても聴聞したいという思いは、嘘でないと思います。

安田　信心《しんじん》歓喜《かんぎ》乃至《ないし》一念《いちねん》、能発《のうほつ》一念《いちねん》喜愛心《きあいしん》といってあるが、本当いったら、信心のほかに感激はない、喜びもないわけです。体ものびのび開神悦体です。これまで自分というものを主にしていたから、つらい立場であったが、全身南無阿弥陀仏と気がついてみれば、何もいらないのではないですか。本当に広大な世界が坦々として開けてくる。もうすでに、夜は明けている。ロウソクを探す必要はない。こうなったらこうなるだろうという予想は空想です。

兵頭　私は本当に自分にわからないことを想像してみるのですが。

安田　欲が想像している。助かるだろう。往生ができる。間違いはない。そういうことはみんな欲である。こちらが求めるのではない。向こうの方から呼びかけられている。そうすれば、助かるも助からないもない。遇ってみれば予想以上で、地獄にも喜んでいける。

地獄が浄土。もう極楽へ行く必要がない

仏を向こうに置いていたが自分になった

信心は到達点ではない。そこから始まる

地獄が浄土である。これが広大ではないのですか。予想以上です。もう極楽へ行く必要がない。これまでは自分が助からねばならないと思っていた。いまは仏をお助けせねばならない。もったいない。私のために仏が仏にならずにいられる。もったいないことだ。自分といってみたところで穀つぶしでしょう。わがままもので助かる必要のない人間です。ああ、仏をお助けせねばならない。一切衆生を背負って下さる仏を助けねばならない。私は助かる必要がない。私が助かるのは厚かましいことであったと、こういうふうに転回してくる。仏を向こうに置いていたが自分になった。これまで自分と思っていたものは捨てられるわけです。だから、人間の側からいえば、仏法を聞く人もあり聞かない人もあるけれども、南無阿弥陀仏からみれば、仏法のわかった人とも話ができるし、わからない人とも話ができる。それを広大無辺という。まことに広いものです。

兵頭　南無阿弥陀仏の中に、みんな入るのですか。

安田　南無阿弥陀仏の中は皆浄土です。ただ、南無阿弥陀仏は皆入れているけれども気がつかない人は入ってはいない、入れているけれども入っていない。有難いといった人だけが入る。入れるということと、入るということは別である。入れているのは全部であるが、入るのは気がついた人のみが入る。あなたの間違いは、信心を到達点として信心を掴んだらそれでよいと思うが、そうではない。信心から始まる。そこから、はじめて出発点ができる。

信心というものは若返るもの。死ぬ準備ではない

十九願

兵頭　世間でいうのは、一つのはげましのようなものですか。

安田　いや、信心でしまいにするのは未来往生です。信心から出発して、そして本願にかえっていく。本願に帰するのです。如来の因位のお心にかえっていく。信心は腰を落ち着けているのではない。信心というものから、願にかえる。願が成就した信心であるが、信心から願にかえる。信心は腰を落ち着ける場所ではない、立ち上がる場所である。信心を頂いて、はじめて如来の仕事がわれわれに与えられる。

兵頭　われわれに与えられたところが信心。

安田　そうです。仏の仕事がわれわれに与えられる。休んでいるわけにはいかない。だから、信心というものは若返るものである。死ぬ準備ではない。

兵頭　死んだらいけないから、早く聞かねばならないといっております。

安田　それは十九願です。

兵頭　早く仏法を聞いたら若返って元気になりますか。私はいつも早く聞かずに延ばそうと逃げております。

安田　南無阿弥陀仏によって、出発点が与えられる。それが信心である。妄想から出発することではない。妄想は出発点にはならない。普通は、助からないところが出発点で、助かったところへ行こうとするが、そうではない。助かったのが出発点である。助からない心はいつまでたっても助からない。南無阿弥陀仏が出発点、信の成就が出発点で結果では

従果向因

南無阿弥陀仏に立たない場合は、何を言っても駄目

ない。

兵頭　成就が出発点ですか。

安田　従果向因ですから、果から因に向かうのである。因から果に向かうのではない。助かった人がはじめて助からないことを知るので、助からない人は助からないということもわからない。

兵頭　お話を拝聴して、なお質問せよといわれても出ません。もし質問が出ましたら、聞かずにはおれません。話も出ず、理屈もこれ以上言わないし、私の言葉も尽きたように思います。

安田　聞けば聞くほど、理屈のはいる余地はない。はじめて手も足も出せない。だから今度は、南無阿弥陀仏に立たない場合は、何を言っても駄目です。南無阿弥陀仏に立てば、何を言ってもよい。そういうものである。

兵頭　それほど、広大な南無阿弥陀仏を与えてもらって、自分のものになっている。

安田　なっていると気づかせてもらうのである。

兵頭　私には、遠慮する心が。

安田　遠慮は、拒んでいることです。拒んでいるのは反逆です。あなたが本当に感激して道を歩んでいられるならば、友達もできる、友達も回向される。別にあなたの故郷でなくてもよい。真面目に道を求めておれば友達は回向される。

説教より座談

兵頭　書物を読めば、先生にお目にかかったような気がします。しかし、いまのようなお言葉は書物にはありません。本当に信じられなかったのです。どうしても善知識にお会いせねば、生きた善知識の言葉によってでなければわからないということは、曽我先生の書物に載っておりますが、ここに、聴聞の仕方が悪かった。それで、先生にいま一度お会いしてと思いまして。

安田　ご開山の『教行信証』というものでは、なかなかわからない。日常のお言葉で親鸞一人がためということは、親鸞聖人が書かれたのではない。お弟子の筆です。法然上人やご開山は、説教されたことはないのでしょう。聖覚法印《せいかくほういん》などは説教された有名な人ですが、法然上人やご開山は、説教されたのではなく座談された。座談が一番よいのです。細かい点が遠慮なしに聞かれる。

兵頭　たびたびお育てを受けまして有難うございました。

今日帰るにつきまして、もう一言お願いしたいと思います。何にも不足のあるわけではないのですが、自分自身が自分というものを眺めるのではないか、ということに気がついております。何か、自分というものを探してみるものがあるように思います。自分はお聞かせにあずかっておりますが、ここに、懺悔ができないことが、自分自身になっていないと思います。何にも不足のない本願の外にいるとも思いませんが、何かそこにひっかかっています。

眺める自分と眺められる自分と二つになる。それが分別

安田　去年の話もそれだった。あなたは去年と同じ所にいる。宿業の身だといっても、見ている。それがいつでも逃げる。宿業の身だということをたとえていえば、私とは何だといえば、この体が私だという。しかし、それはわしの体でわしではない。あなたは誰だといえば、この体をおさえていう。しかし、それはわしの体であってわしではない。それならば、体でないものは心だ。心はわしかといえば、それは心であってわしではないと逃げる。宿業の身だといっても、宿業であって、わしではないと逃げて眺めている。それを理知という。これがわしだといっても、わしだというふうに見る。これを押さえれば、また逃げる。だから、自分の身だといっても、宿業だといっても痛くもかゆくもない。そういうものを全部話にする。賢い自分です。これが私だと押さえれば、ぱっと逃げる。また掴《つか》めば、逃げる。

兵頭　これが私の正体と違いますか。

安田　いや、妄執です。理知です。理知は頭が上っている。これがなかなか承知しない。

兵頭　去年のことは忘れています。

安田　こちらから見れば、あなたは同じ所にいて同じ所をうろうろしている。だから、宿業の身と一つにならない。眺めている。眺める自分と眺められる自分と二つになる。二つになるものが分別です。本願と本願を聞いている自分と二つ。何でも二つになる。そうでしょう。汝という場合、お前は凡夫だといわれても、凡夫だといわれてそれを聞いている

二つに分ける心が起こっても相手にする必要がない

ものと二つある。それが理知です。分別すれば、必ずそういうものが起きる。けれども、それを自覚すれば妄想ですから消える。分別は容易にはなくならない。分別は死ななければなくならない。しかし、それを頼る必要はない。あなたは理知を立場にしている。南無阿弥陀仏が立場ではない。

兵頭　しておらぬように思いますが、していますか。

安田　してないかというのが、あなたの賢さです。眺めている自分があり、眺められている自分がある。それが計らいです。そういうものは死ぬまでなくならない根の深いものであるが、根の深いものだと教えられればそれでよい。自分で自分を押さえようとする必要はない。そういういつまでたっても分別の捨てられないものだと教えられる。その他に信心はない。私の話を聞いてまた考えて二つにする。そうではない。もっていったら駄目。非常に単純です。私の言葉があなたの安心です。もち替えたらいけない。もち替えるのは理知です。ああそうだったか、と何ほど二つの心が起こっても相手にする必要がない。

兵頭　これが妄執ですか。

安田　はじめは、妄執だと思わない。妄執だと知らされたのが、教えです。あなたばかりではない。人間は皆あるものです。それだけ疑いが深い。あなたはそれだけ分別するということからいえば、悲しいことですが、また、そういうもののためにご苦労下されたというのは、それだけご恩が深いのです。我執・我見の自分がどこまでも捨てられなかった。

背く心が本願のお心を教えてくれる

分別の罪を自覚させるのが二十願

私はどこまでも捨てられなかった。背く心が本願のご苦労を教えてくれる。背く心がかえって本願のお心を教えてくれる。悪いことも、腹が立つとか欲が深いとかということは真宗では問題にならない。いまいった二つに分けるのが問題で、二つに分けるのは無邪気でない煩悩です。

兵頭　謗法が全体ですか。それで回心《えしん》にならないのですか。

安田　そう。あなたは回心を考える。考えることも回心したらよい。私の考えることも回心すると書いてある本を読んで、回心を考えるのです。その考える心を回心せよというのです。叩きこわすならば回心ではない。叩きこわせるならば、本願はいらない。押さえたり叩きこわしたりするのではない。本願といっても、考えたら有難いことはない。有難いことも考えたら有難くはない。罪も考えたら痛くはない。それが分別というもので、無始以来破れないのであるから根の深いものです。

兵頭　それに違いないです。若いときは何もそう考えない。これが年とると一番考える。

安田　あらゆる人間の本性です。あなただけならば浅いものであるが、人間の本質ですから、あなたがはっきりすればみんながはっきりする。皆ごまかしているが、あなたは苦しんでいるからごまかせない。ごまかせないというのはお計らいです。二十願が分別の罪を自覚させる。何んでも考える罪を自覚させるのが二十願。それによって、そういうものを捨てられなかった罪、本願のお心がどこまでも本願に背く罪を自覚させるのが二十願。あ

本願に背いているという自覚

背く心を縁として本願が自分を現わされた

妄想と宿業

なたに本願という自覚ができるのは、本願に背いているという自覚がまずなければならない。二つに分ける心が背いている。

兵頭　本願の仰せがそのまま素直にならないので、背いていると思う。

安田　素直にならないといって考えているのです。それが教えによって自覚されれば背いていたと自覚する。自分が背いているものだということがなければ本願はわからない。だからある意味では、長い間背いていたということが本願を知る鍵である。あなたの背く心を鍵として、背く心を縁として本願が自分を現わされた。そう知らされれば、背いたお陰だということになる。

兵頭　そういう不足のないご慈悲です。

安田　あなたが背くことくらいで、へこたれる本願ではない。法蔵菩薩は衆生が背く心を縁として修行された。

兵頭　そうすると、背くのはいつまでたっても直らない。それを苦にする必要はないのですか。自分自身のそういう正体を。

安田　本性です。そういうのが本性です。本性とは業でしょう。背く心は妄想です。

兵頭　妄想が、罪になりますか。

安田　それだから、宿業にかえれない。

兵頭　妄想もやはり宿業から出るのですか。

妄想は無明。宿業の身は事実

分別は外であるが、外だと自覚されれば内へかえる。それを回心という。

安田　昨日いったように、宿業は身です。二つに分ければ妄想は心です。そういう心から信心は出てこない。あやまり果てなければ信心は出てこない。

兵頭　回心しなければ。

安田　そうです。あやまり果てれば凡夫にかえれる。凡夫は大地です。凡夫の身でありながらそれになれなかった。妄想だと知らされるから凡夫になれる。見ていたのが妄想で、見られていたのが自分であったと気づけば凡夫にかえれる。それが機の深信で、宿業が本願を証明する場所になる。妄想は本願を証明する場所にはならない。宿業は南無阿弥陀仏の中にあるが、妄想はほかにあって分別している。われわれの体は、本願の中にあるが、心は外で見ている。

兵頭　妄想と宿業との区別がなかった。

安田　妄想は無明です。宿業の身は事実です。

兵頭　宿業、宿業といっているのは、それだけのもののように考えて、それにだまされていた。宿業の身になっていなかった。

安田　宿業の身といってもほかで見ていた。それは外へ出ていた。あなたの分別は外であるが、外だと自覚されれば内へかえる。それを回心という。心が転ずる。外が外と知られたら内にかえる。宿業の身に転ずる。

兵頭　そうすれば、妄想をそう憎まないでも、宿業の身にかえることができるのですか。

分別の罪

安田　そうです。かえしてもらうのは、本願の力です。

兵頭　ごまかしです。

安田　無明です。普通は煩悩は煩悩です。分別は菩薩の煩悩です。煩悩を憎まない。宿業の身が功徳に転ずる。それが法蔵菩薩のお心です。法蔵菩薩があなたより先に回心された。あなたの回心に先立って証明された。分別の罪は微塵劫《みじんこう》を経過しても、出離その期なしとご開山は懺悔しておられる。

兵頭　そんな恐しいことを、うかうかしている。

安田　分別を自覚できるのは苦しいからです。

兵頭　いまのお言葉はちょっと聞こえません。

安田　苦しいというところから苦しみが自覚させてくれる。苦しいというのが分別の証拠です。

兵頭　この分別というものが自分自身にはっきりするまでは、分別するでしょう。

安田　分別が分別を自覚すれば、無分別に転ずる。分別が消えるのではない。転ずるのです。無分別というのが、それが信心です。

兵頭　凡夫の力は凡夫だけのものであって、どうしても成就しないと承知しているのですが、知っておりながら、それを止めないのです。

安田　だから、そういうことを分別している。凡夫はどうも力のないものだと仰せられる

分別の固執がなくなったなら、本当に泣ける

と、それはそうだと分別する。

兵頭 あれが、なかなか止まらない。

安田 そう分別する。止められないものだ、と分別する。

兵頭 自分の分別はいつまでたっても止められない。自分の正体が自分を悩ましている。それが苦しいのです。

安田 それは、死んだ子供を生きかえらせようとするもの。

兵頭 愚痴です。

安田 愚痴とは固執です。それがいつまでたっても止まないのは、分別が立場であって、南無阿弥陀仏が立場でないからです。

兵頭 ここに、南無阿弥陀仏の立場というものに転ぜなければならない。

安田 南無阿弥陀仏の立場に転ずるわけです。分別の固執がなくなったならば、本当に泣ける。分別の立場でなければ死んだ子供に本当に泣ける。固執するのが罪である。

兵頭 その泣けるということと、固執するということとの区別がわかりません。

安田 固執するのは冷たい心。泣けるのは凡夫の心。冷たい心は眺めている。本当に泣きもしないで、泣く自分を考えている。

兵頭 ここに、泣く自分を考える余地がないようになる。

安田 それは、分別を固執しなければそうなる。

分別がありつつ分別を超える。分別を分別だと自覚する、そこにかえるより道がない

機の問題

兵頭　その分別がどうしても、のかないのです。のかないのでどうしてもくり返すのです。

安田　それが我執です。どれほど起こっても固執しなければよい。それが回心懺悔です。回心以外に落ち切るということはない。それは放っておくことではない。分別が罪であった、と本願に心が転ずる。それが分別がありつつ分別を超えることで、分別を放っておくことではない。分別をほっておくということになると、考えを止めることである。考えても駄目、止めても駄目。分別を分別だと自覚する、そこにかえるより道がない。回心懺悔は自覚です。無分別を自覚するのではない。分別を自覚するのです。

兵頭　無分別ならば、自覚できないでしょう。

安田　無分別というものは、分別の自覚としてできる。信ずることのできない自分の心をひるがえすのが信心である。あなたは信心を向こうにおいて掴もうとしていた。掴もうとする心をやめるならば、求めずに来ている。

兵頭　この道理は少しわかったのですが、どうも具合が悪い。

安田　固執というものは我ですから自分が可愛いという、本願も仏法も皆手段にする冷たい心です。

兵頭　どうもいけないと知りつつ自分の自我をそこに立てる。

安田　捨てないのです。品物ならば捨てられるが自分は捨てないのです。だから信心の問題も行の問題ならば念仏もはっきりするが、機の問題になれば疑うのも信ずるのも自分で

名号を分別すると名号の外にある

あるから、捨てるというわけにはいかない。機の問題は複雑であるから、転ずるよりほかにはない。行の問題ならば捨てられる。雑行《ぞうぎょう》を捨ててという。機の問題はどこまでも自分ですから、転ずるという。転ずるより道がない。転ずるのを回心《えしん》という。

兵頭　よい具合にできているのですが、やはり自分のものに捉われる。このまま逃げては他人のことのように眺めているのです。自分を自分が眺めて逃げるのです。

安田　それが迷いだと自覚できない。当たり前だと思っている。それを通さねば何ものも承知しない。分別を信頼してきた。分別を信用してきた。

兵頭　自分を自分が信用してきた。それを迷いと知らずに、自分というものより大事なものはないと信用してきた。

安田　だから、分別というものを救うために、念仏をもまた分別する。本願も分別する。その分別が転ぜられるために、本願があり名号があるのだが、その名号をまた分別する。そうでしょう。

兵頭　そうです。自分の分別を分別します。

安田　自分の方が主となって逃げる。名号を分別すると名号の外にある。それを逃げるというのです。

兵頭　一昨日から、名号の中に育てられ今日まで来ているということを知らされておりますが、名号、名号といっても、名号の外にいる。

分別するのが自力

仏智は分別のない智恵

安田 名号の中におらないのです。南無を分別して南無の中におらない。分別の砕かれたのが南無でしょう。南無というのは、分別の転じた心です。

兵頭 分別というのは、本当に自力です。

安田 自力・我慢そのほかに自力はないのです。疑いにもなる。それが自覚できなかった。自力もほかにあると思っていた。分別するのが自力と気がつかない。それをはずすとあなたがはっきりする道がない。それがはっきりすると、皆はっきりしてくる。そうでしょう。

兵頭 これを気づかない。やはり分別することを分別とは思わなかった。

安田 外と知らずに外にいた。だから、回心懺悔してみようがない。

兵頭 上手に計らうものだから、分別を分別と思わず自力の計らいづめで、計らいづめと思わなかった。

安田 分別というのは賢い。しかし本当に賢いのではなく、小賢しい。仏智は無智といってある。小賢しさは有智です。仏智は分別のない智恵です。

兵頭 分別のない智恵。

安田 あなたは有智です。

兵頭 有智だから問題にならない。

安田 その一点をはずすと、皆駄目になる。

兵頭 小賢しい智恵で去年見るより今年見る方が読めるようで、楽しみです。これも有智の中に小賢しい仕事をしていた。

安田　その小賢しさを捨てられれば、あなたを証明する言葉として頂ける。それを何か力にしようとするから、小賢しさになる。

兵頭　自分というものの苦しさに、何か心が探す気があった。小賢しい自力というものをよいもののように使っていたのです。有難うございました。

【三】

兵頭　南無ということは、ご丁寧に頂いておりますが、南無とはたのむということですか。本願から私にたのめということですか。

安田　それはいってみれば、南無阿弥陀仏から南無を開いてある。阿弥陀仏南無と法は言うのです。阿弥陀仏は本願。本願からこの南無ということが出てくる。それはまた、われわれが南無するということによって阿弥陀仏から南無を開いて、南無によってまた阿弥陀仏になる。広大無辺というのは阿弥陀仏のこと。広大無辺の世界が阿弥陀仏であるが、そこには南無ということがなければその広大が開けてはこない。

兵頭　南無がなければ、開けてこない。

安田　南無阿弥陀仏というけれども、阿弥陀仏はお助けですが、南無によってお助けにあずかる。南無阿弥陀仏という南無が大切。南無ということが成立すれば、もうそこである。

南無は勅命だが、たのめという面と、たのむという面。それが離れてはいけない

南無阿弥陀仏は広大無辺の法であるが、機がなければ、法というものがただ願に止まっている。

兵頭　本願が願に止まっている。

安田　本願の機によって南無が行になる。南無ということが大事なことであるが、ここに大切なことは、南無はたのむということであるが、南無は勅命であるから呼びかけです。本願のわれわれに対する呼びかけです。

兵頭　そうすると、私から勅命に向かったという気持ちと違いますか。

安田　南無ということは勅命ですが、たのめという面と、それから一面からいえばたのむということ。それが離れてはいけない。離れるから、たのめということを聞いてたのむ。そうすると永久にたのめない。たのめということを向こうに置いてたのもうとすると、永久にたのめない。たのめということは、本願がわれわれに現われることである。また同時に、われわれが本願に行くことである。

兵頭　自分の心が本願に乗ることですか。

安田　本願が来ることにおいて、それに行くことである。向こうの方にたのめということがあって、われわれの心でたのむのではない。われわれの心はたのめないのである。たのめという本願の呼びかけによって、たのむ心を頂くのである。

兵頭　そう書いてあります。

たのめという本願の、み言葉にたのむ心を賜わる。賜わらずにたのむことはできない

安田　それは行けですから、勅命をたのむのではない。われわれがたのむことができたのが勅命である。私がたのむことができたのが、それが勅命です。われわれが助けたまえとたのむ。それが勅命です。

兵頭　たのめないのです。

安田　たのめないのはわれわれの心であるからです。人間の心には安心はない。百年たっても安心はない。そのわれわれの心は南無阿弥陀仏のほかの心です。ほかの心で南無阿弥陀仏に入ろうとすると入れない。あなたの心は信じたいのであるが別に疑う心はないのだけれども、あなたの生まれながらの心はほかの心です。ほかの心では入れない。ほかの心を破って南無阿弥陀仏が来ている。ほかの心は無明の心です。だから、たのむ心を与えて下さる。われわれがたのむという心を南無阿弥陀仏が与えて下さる。たのめという本願の、み言葉にたのむ心を賜わる。賜わらずにたのむことはできない。たのむことはどういうことかというと、人間がたのむといった場合は何か用事をたのむ。

兵頭　こうしてくれと、注文を出します。

安田　そうです。注文する。何かを仏にたのむのではない。仏をたのむ。何かを捨てて仏をたのむ。それがある意味からいうと、往生をたのむということ。

兵頭　私には、お助けをたのむということができないのです。

安田　たのめばお助けにあずかる。どうせお助けというものはないものだ。だから、仏を

たのんで助かるとすれば取り引きになる

たのんでもたのまなくても助からない

たのむ。助かるためにたのむのではない。どうせ助からないものだ。どうかしても助かるようにはならない。だから、たのんでも助からないものだ。これまでは、たのまないから助からない、たのんだから助かるように思うが、そうではない。たのんで助かるとすれば取り引きになる。人間の心は取り引きの心です。

兵頭　それがあります。

安田　たのんでもたのまなくても助からないということは、本願にふれて言えることです。どうかすればどうかなるということではない。

兵頭　ただ、交換条件のようになって。

安田　そういう狡《ずる》い心を破ってたのむ。

兵頭　どうジタバタしても助からないのが正体です。

安田　その正体ということをわからせてもらったということが、本願にふれている。

兵頭　どうしても私の心は動きがとれないのです。どうすることもならない。

安田　去年も言ったように、どうすることもならないというのは、見ているのです。

兵頭　どうかならなければ、このままでは助からない。

安田　どうかしたいけれども、どうにもならない。こういう堂々巡りをしている。

兵頭　そうです。私の心です。

安田　そういう心で助かるということはできない。裸になって弥陀をたのむ。いまの心で

いまの心を捨てた心がたのむ心、仏の心

弥陀をたのむのではない。心を捨てて、心を捨てた心がたのむのです。それがたのむ心です。仏の心です。われわれはどうにもならないものをどうかしようとする。そういう心を捨てて裸になる。

兵頭　捨てるとすると、何もはたらくものがないような気がする。そうと違いますか。

安田　振り捨ててというのは忘れることではない。自分の計らいです。自分の計らいを振り捨てる。あなたはこれまで、南無阿弥陀仏のほかにある自分の心をもって、南無阿弥陀仏に何とか入ろうとする。その心を捨てて入る。

兵頭　勅命ということがどうしても話になっていて、そこが通れないのです。どう思案しても、自分ではどうにもできないのです。道理だけでも聴聞して帰りたいのですが、昨年ご親切なご化導を受けましたが、それがわかっていないのです。

安田　道理だけわかるから駄目なのです。道理ならそれは南無阿弥陀仏の道理です。わからなくても困るが、わかってみてもどうにもなるものではない。むしろ、わかったことで自分の我見を固めるのです。わかるのもわからないのも、南無阿弥陀仏のほかです。わかるというのもあなたの分別であり、わからないというのもあなたの分別です。ここで話を聞いてみても、一層あなたの我見を固める。むしろ、鎧を着ることになる。頑固な親爺ということになる。南無阿弥陀仏で裸にならしてもらう。裸になりさえすれば、如来が南無阿弥陀仏としてははたらいて下さる。南無阿弥陀仏が不思議にはたらいて下さる。己れを空

己れが裸になったら何もない。何もないから如来がはたらく

仏法の道理はわかるのでもないし、わからないのでもない。仏法不思議

裸になること

しくするという。己れが裸になったら何もない。何もないから如来がはたらく。何かあったらはたらかないのです。分別していたらはたらきようがない。そうでしょう。仏法の道理というものはわかるのでもないし、わからないのでもない。仏法の道理を不思議という。不思議の仏法がわかれば不思議を思議したことにもなる。弥陀の誓願不思議に助けられる。不思議のはたらきによって、不思議とうなずかしてもらう。ああこれは不思議だった。それは信仰の世界というものです。分別したことではない。わかったことは皆話です。話では人間は腹がふくれるものではない。不思議というものは事実です。

兵頭　一応、道理も知らないのでは話せないのではないか、と思います。

安田　あなたのは、道理ではない。道理もわかってしまえば不思議ではなくなる。道理を心得てどうにかなるならば、本願も南無阿弥陀仏もいらないのです。

兵頭　裸になるということは、自分にはむずかしいのです。

安田　それは裸になることをわかろうとするのです。それは裸ではない。捨てたことが裸です。信仰が純粋だということは理屈がまじらないこと。生な赤子の心。それが裸になったことです。子の所に親が成就している。子にしてもらったということが、それが親に遇った。裸になったのが子の心です。ただ念仏、ただ南無阿弥陀仏ということは単純なことです。複雑なのは嘘です。理屈というものです。頭で考えたものはみんな複雑になる。話は複雑。道理は単純。南無阿弥陀仏の道理に助けられる。道理というものにかなえば事

分別を分別だと投げ出す。投げ出すことがもう本願の力

実です。理屈は事実にはならない。いつまでも、理屈から理屈また理屈へという具合に終わりがない。理屈は頭だけにある。だから、念仏の生活というものは事実です。頭でない。ご飯を食べた、寝た、起きた、全体が生活です。それが事実です。血となり肉となるというのはそれです。生活ということが成り立つことです。頭の話ではない。頭は妄想です。

兵頭 頭はどうも聞かなければと。

安田 それは妄想で。南無阿弥陀仏の中に妄想を描いている。妄想と知ればかえらしてもらうのです。なるのではない、かえるのです。

兵頭 妄想も出してしまわないと。

安田 何でも出してみなさい。妄想にはきりがない。

兵頭 一応、昨年お聞かせ頂いてここがわからないと思うことがありますが、ようやく去年からいままで話の順序だけがわかっているようなわけですが、それが道理・理屈に固執しているといいますか、直感ということが徹底しないのです。

安田 道理ならば直感になる。理屈ではない。道理もわからないようでは困る。道理は別にありはしない。南無阿弥陀仏の道理です。それは不思議なのです。南無とたのめば阿弥陀仏になる。阿弥陀仏とわれが南無し、それによってまた、われが阿弥陀仏となる。勅命というも、本願というもこれよりない。分別を止めて、分別を分別だと投げ出す。投げ出すことがもう本願の力です。そこには、どんな愚かな人でもうなずける道理がすでにある。

勅命ということ

勅命にふれて自己が生まれる

兵頭　勅命ということがはっきりわからないのです。言葉だけは、勅命勅命と昔からいいますが、自己というものも勅命といいますと、自分の心の底から響いてくるものが勅命のように思いますが、自分の宿業であるかとも思われます。外から来る、また内から響くのと両方あるわけですか。

安田　外からは釈尊の発遣《はっけん》です。内からは本願。教えは外です。内からは自覚です。自覚は内から出る。人からもらうものではない。人からお聞かせにあずかるのは外です。自覚は自分がうなずく。

兵頭　それで外と内とがわかります。ところが、自己と勅命というものとは違いますか。

安田　それは勅命にふれて自己が生まれる。勅命までの自己は妄想・我見です。勅命にふれて自己が生まれる。自己があって勅命を聞くのではない。勅命にふれて自己が生まれる。如来の呼びかけというのは、妄想に呼びかけているのではない。汝一心正念《いっしんしょうねん》にして直ちに来たれ。こういうのは妄想に呼びかけているのではない。宿業に呼びかけている。宿業をいたんでいる。あなたの妄想をいたんでいるのではない、妄想を憎んでいる。仏のお心は宿業をいたんで下さる。妄想は仏のお心にかなわないのです。妄想こそ敵です。

兵頭　この私がもっているものです。

安田　妄想というのは、むしろ仏のお心に憎まれている。一如の心に憎まれている。二つの心、それが妄想です。そういうものに大悲はかけない。あなたの心は仏の心にかなわな

宿業が大地

本願は宿業に与えられたもので、妄想に与えられたものではない

い心です。

兵頭　この心という妄想も、自分の宿業になっているものですか。

安田　言ってみれば、自分の宿業ということはあらゆることが関係している。一切の人類が関係している。妄想は自分ひとりのことしか考えない。心はわがままなものです。われわれの宿業というものは、天も地もあらゆる人が一緒になっている。[4]宿業が大地です。

兵頭　妄想が宿業の妨げになる。

安田　その妄想する心で、また宿業を作るのです。

兵頭　いずれにしても、役に立たないに違いないのですが、妄想が邪魔をして宿業に響くというか、本願を頂くことができないのです。

安田　宿業というのは、妄想よりももっと深いというか、宿業のわかるということと、本願がわかるということとは同じことです。本願というのは宿業に与えられたもので、妄想に与えられたものではない。

兵頭　本願は宿業を目当てに。

安田　目当てというけれども、目当てというほど遠いものではない宿業です。宿業を背負っているものが本願です。妄想を背負ってはいない。

兵頭　自分は宿業の身といいますが、宿業の身そのままが本願の目当てになっているように思いますが。

宿業に目覚めた心を信心という

宿業というのは理屈ではない。感ずるもの

安田　まあ、そういってもよい。宿業というけれども、宿業に目覚めた心を信心という。宿業に目覚めない心を妄想という。だから、宿業にかえらしてもらう。

兵頭　その宿業は自分の体ですか。

安田　心は妄想するけれども、体は妄想しないでしょう。宿業というのは本願の中にある自分です。目当てといっても、外の向こうの方において目当てというのではない。本願の中にある。如来の中に見出されているものです。

兵頭　如来は私というものの中に来て下さっている。

安田　宿業です。宿業の中に本願があるのではない。本願の中に宿業がある。

兵頭　本願に包まれているのですか。

安田　そうです。その宿業をもとにして、本願を立てられた。宿業というのは理屈ではない。感ずるものです。全世界を一つとして感ずるものです。あらゆるものが宿業で動いている。生まれるのも死ぬのも、それは分別のとどかないものです。大きな現実です。だから『歎異抄』にも、どんな心の起こるのも、宿業の催《もよお》しだと書いてある。われわれは宿業によって動いている。だから善導大師も、自身はこれ現に罪悪生死《ざいあくしょうじ》の凡夫といわれる。宿業のないものは凡夫ではない。宿業に動かされているのを凡夫という。だから、凡夫は妄想だとは思わない。凡夫の宿業の身にかえらしてもらう。その宿業の身というものにおいて、阿弥陀仏が実現している。そうして宿業を転ずる。宿業を憎んでいるのが妄想。宿

宿業は本願

業というものを引き受けるのが本願。宿業を引き受けて如来は本願を起こされた。

兵頭　そうすると、宿業をそのまま、本願がいつも背負っていて下さる。

安田　そうです。群生《ぐんじょう》を荷負《かふ》するとある。一人のものに対してならばできるかもしれないが、無始以来の歴史を背負い、宿業を背負っている。

兵頭　宿業は、たましいというものですか。

安田　宿業のことがよくわからないから、たましいといっている。

兵頭　不幸せを、宿業宿業といっていますが。

安田　これは、われわれがいかに考えても、どうにもならないことがある。考えて考えるとおりになるならば宿業はない。われわれの深い底に、曽我先生が本能といわれるが、本能というか、あるいは宿業は本願であるといってもよい。

兵頭　宿業を本願といっても、私の宿業ですか。

安田　私といっても、それは一切衆生に連なっている。一人の宿業ということではない。あらゆる衆生の宿業。一人一人の宿業であるけれども、宿業によって関係している。

兵頭　連なっている。

安田　人間は分別で夫婦になったとか、親子になったと考えているが、そうではない。縁があったからである。悪いことを起こすまいと思っていても縁があれば起こす。起こしたいと思っても、宿業がなければ起こさない。分別がとどかない。

本願に任せるということと、宿業に任せるということとは同じこと

兵頭　そうなると、分別にならないのですか。

安田　そうでしょう。悪いことをしようと思ってもできない。善いことをしようと思っても悪いことになってしまう。善悪の計らいの及ばないことです。そういうように、人間というものは重いものです。われわれの体は宿業が感じているものです。われわれの生きていることは感ずるもの。生きているということは宿業の自覚です。

兵頭　分別は消えて、宿業が責任を負わなければならないようになるのですか。

安田　宿業というものは自分が作ったには違いないけれども、自分に責任があるのだけれども、分別の意識では反省できないものです。どんな分別も宿業の底から起こってくる。分別というものは宿業から出るとは思わないだろうが、実はその分別も宿業から起こっている。宿業から出ながら宿業と思わない。宿業だといえば分別は消える。その宿業の深さは本願の深さと同じです。それほど人間というものは根が深い。根が深いということは情けないということではなく、それほど生きているということは深いのです。

兵頭　貪欲《とんよく》・瞋恚《しんに》を起こすはたらきはしますけれども、善いことにおいてははたらかない。

安田　善いことをしようと分別は思うけれども、それは宿業を知らないからです。だから、宿業というものに任せることができない。本願に任せるということと、宿業に任せるということとは同じことです。分別がかなわないのだから本願に任せる。そうしたら、宿業がそこに転じてくる。宿業全体が南無阿弥陀仏の功徳となる。

宿業の身が南無阿弥陀仏の身になる

兵頭　宿業が南無阿弥陀仏と一緒になって。

安田　そうです。宿業の身に満つる。心に満つると書いていない。それが涅槃の功徳です。宿業というところに生死があるのですが、その宿業に涅槃の徳が満つる。有難いというのは宿業を有難いという。宿業の身が南無阿弥陀仏の身になる。だから、我身ということは業の身ということです。それが法の身になる。法身になる。南無阿弥陀仏が我身になる。だから、問題はその分別というものを捨ててたのむ。南無の一心。南無の一心ということになれば、南無の心は宿業を嫌わない。嫌わなければ宿業もないと同じことです。

兵頭　宿業を南無は嫌わないといっても、信ずるものは宿業でしょう。

安田　そうではない。宿業は心ではない。身です。本願の心です。あなたの心は妄想。この南無した心も南無せん心も、それが宿業と知れば有難い。

兵頭　南無するのは、本願が南無するのですか。

安田　我見の心を捨ててひるがえした。それを南無を与えてもらったという。自分の分別を頼った心が、分別を捨てて仏をたのむ心に転じた。南無によって転じてもらう、そういう心を与えてもらう。

兵頭　本願のはたらきというものは、なかなか容易なことでは。

安田　だから、あなたが救われたということに、一切の衆生が救われる宿業が通じているのですから一切衆生です。一人一人を集めて一切衆生ではない。宿業で続いているのです。

業によって一切衆生と平等

妄想が、他人と自分を比較する

一人一人が一切衆生です。一切衆生の助かることを自分が証明する。

兵頭 なるほど、そうですか。

安田 宿業といっても、信心とか如来の心とかというものは、一切衆生と一つの心。平等の心。人と区別しているのは妄想・我執というものです。宿業にかえれば、一切衆生と平等な心、それは如来のお心よりない。信心によって如来のお心を賜わるのです。妄想が一切衆生と区別している。

兵頭 信心で一切衆生と平等で、その信心を信じないものには徳が備わらないのですか。

安田 それは、その人の心でしょう。体は一切衆生と平等。業によって一切衆生と平等。その一切衆生が平等の心に目覚める。

兵頭 どれだけ人間が集まっても。

安田 他人のことを気にかける必要はない。あいつはまだ。わしの方がという。それは高上りです。妄想というものは、他人と自分を比較しているものです。あいつの信仰はまだ駄目だとか。如来の心からいえば、われわれが信ずるといったところで人間の信心というものは分別の心で、信じたといっても、信ずるのも疑っているのも平等です。如来のお心というものは、信じた人間だけ特別ということではない。本願に背く者も従う者も平等ですが、本願に背く者は自分だけだと、こういう風に目覚めなければならない。人はまだ目覚めていないと思うのは妄想です。逆です。自分だけが目覚めないのです。大事なことは、

宿業というのは如来の心

妄想は心のことです。体のことではない

如来は妄想を大悲しているのではない。衆生の流転の身をいたんでいる。宿業というのは如来の自覚で、われわれの自覚できないものです。宿業というのは如来の心である。われわれの宿業というのは運命であって愚痴です。宿業もわれわれの分別で考えると、宿業にならない。運命になっている。宿業というのは如来の心です。

兵頭 そうすると、宿業も如来が責任をもって下さるのですか。

安田 われわれに責任はありません。われわれが引き受けようとしない。如来は業は作らないが、その如来のお心だけが一切衆生を責任としていられる。

兵頭 一如の心で、一切衆生を引き受けて下さるのですか。

安田 そこに、我という　設我得仏、一切衆生。機の深信というのは如来の心です。

兵頭 そういう大きな心に引き受けて頂くのですか。

安田 だから、如来はあなたの分別を目当てにしていられるのではない。分別は如来にはかなわない心です。

兵頭 分別はなくなるものでもありますまいが、それを立てないならばよいのですか。

安田 分別を固執する。我執です。邪見驕慢悪衆生《じゃけんきょうまんあくしゅじょう》です。

兵頭 人間の体をもっている限り、どうしても止まないものでしょうか。

安田 体ということがわからないことです。妄念・妄想も心です。体ではないのです。妄想は心のことです。体のことではない。

妄想は放っておくわけにいかないか？

兵頭　体はどうして妄想を起こしますか。

安田　妄想は心のはたらきで体のはたらきではない。妄想はなくなるものだとも言えないし、なくならないものだとも言えない。目覚めればなくなるものであるし、目覚めなければなくならないものです。なくなるとか、なくならないとかと考えているのが妄想です。昨夜の話も皆そうです。

兵頭　放っておくわけにいかないものですか。

安田　放っておいてこれでよいのだというのも妄想ですし、やけくそです。しかし、そこに懺悔ということがある。身ということに気がついてみれば、体は妄想でないけれども、心は妄想だとわかる。

兵頭　いつでも、顚倒《てんどう》しているのですか。

安田　妄想顚倒ということがある。妄想によって顚倒している。無明によってさかしまになる。無明の破れたのが信心。身が破れたということではない。腹が立つとか欲しいとかということは大したことではない。我執が一番深い罪です。だから、自分というものは妄想だけれど、南無ということによって、はじめて阿弥陀仏の心にふれる。それが呼びかけです。そういうものにふれて本当の自分が生まれる。宿業を背負うような自分が生まれる。自分があって本願にふれるのではない。自分は妄想で、いってみれば他人のようなものです。呼び覚まされたのが、本当の自分です。本願の中から生まれてくる。信心として自分

南無は本願の呼びかけであり、また呼びかけに従うこと

妄想と知ったら、妄想は消える

妄想が消えれば業が見えてくる

が生まれてくる。

兵頭　呼びかけているのが南無であっても。

安田　本願の呼びかけを南無という。呼びかけであって、また呼びかけに従うことです。本願であると共に、また信心です。妄想が覚めること。妄想というものは、覚めるということにはかなわないのです。妄想を妄想と知ったら妄想はないのです。覚めてもあるということはない。太陽が出たら千年の闇も消える。千年間続けてきた妄想も、どんな強い我執も質が違う。迷った心は千年であっても、覚めた一瞬にかなわない。量から言えば、信心は一念。妄想は無始以来の妄想ですが、しかし一念の信心にはかなわない。覚める心は妄想も届かないのです。妄想と知ったら、妄想は消える。

兵頭　本願に遇えば、恐れるものはないのですか。

安田　ないものをあるものと思っているのです。妄想が消えれば業が見えてくる。業が見えてきたときに、業が功徳に転ずる。妄想は転ずるものではない。何をくだらないことでうろうろしていたのかと消えるものです。業は消えるものではない。妄想が破れてはじめて業が知らされる。妄想があるから憎んでいたのが、妄想が破れれば業が有難い。それが本願をうける場所となる。宿業の場所です。

兵頭　宿業が場所になるのですか。妄想の根も葉も倒れるのですか。

安田　根も葉もないもの、それを妄想という。あなたが頭をひねっているのは、根も葉も

妄想と知らされるのが呼びかけ

本願も自分も向こうに置いている。それが妄想

ない独り相撲ということです。

兵頭　これが、呼びかけによって倒れることと違いますか。

安田　妄想と知らされるのが呼びかけです。呼びかけがなければ、妄想とはわからない。妄想と知っても、どうにもならないというけれども、どうにもならないと考えているのが妄想です。妄想で覆《おお》われていたその覆いがとれて、自分が引き出される。引き出されるといってもよいし、本願が名乗る。助けたまえとたのむというのは仏の名乗りです。だから、最後にいけば地獄に堕ちるより仕方がないというが、そこに妄想が馬脚を現わしている。地獄を恐れているのは妄想です。信心は地獄を引き受けることです。如来の心にふれてみれば、如来こそ助けねばならない。自分など助からなくても満足という感激がある。地獄に堕ちるより仕方がないといっても、それは欲です。欲を満たすのは信仰ではなくわがままです。助けようというのは如来の心です。如来の心にふれてみれば、助けてもらうというような厚かましい要求は撤回しなければならない。満足して有難い。如来に助けられたら、地獄へ行くのも極楽へ行くのも変わりはない。地獄へ行けることです。

兵頭　地獄へ行けることですか。本願を向こうに眺めるから。

安田　向こうに眺めるといって、眺める自分も向こうに置いて、こういうどうにもならない者だとため息をついている。本願も自分も向こうに置いている。それが妄想です。逃げ回っているのです。しかし、逃げ回っているということがわかれば、もう逃げられない。

信仰というのは
いつでもいま。
未来往生ではな
い

あなたの相手になっているのは、妄想の相手になっているようなものです。妄想がこれまであなたを苦しめ、他人を苦しめ、如来を苦しめてきたのです。自分自身を苦しめ、一切衆生を苦しめてきたのです。

兵頭　自分の妄想が、どこにもいる場所がなくて逃げるように、自分の止まる場所もないようですが。

安田　ないのです。いる場所があるのに逃げるなら妄想ではない。ないのにあると思うから、顚倒。それを妄想という。

兵頭　そこの座りがないはずなのですが、そこに自分が苦しめられ、迷っているということが、自分ながらおかしいのです。それで本願をたのむということになるのと違いますか。

安田　しかし、あなたはたのまない。

兵頭　どこぞに、たのまねばおられません。

安田　たのまなければならないといっても、たのまないですよ。

兵頭　そうすると、これからたのまんならんですか。

安田　いまはっきりしないものはこれからもはっきりしません。いまが信仰。信仰というのはいつでもいまです。未来往生ではないのです。呼びかけもいまです。昨日呼びかけ、ということはないのです。

兵頭　呼びかけを、たずねるような気がする。

如来でも本願でも、外に考えたものは皆迷信

安田 そうしてほかにしている。如来を逆にしている。自分が主人でしょう。その立場を動かさずに、ほかの如来に助けてもらう。

兵頭 そうも思いませんが。

安田 あなたは本願とか、如来とかといっても外でしょう。内にあるものは自分でしょう。そういう立場を妄想という。自分を外にすればよい。内だと思っていた自分はかえって外であった。勅命は外にはない。内から名乗ってくる。自分は外だった。外にいた。こういうふうに内と外とが換ってくる。だから夢から覚める。あなたは自分を主にして動かない。

兵頭 そうです。外に仏を探している。

安田 探す心が妄想です。外に如来を探してそれを利用することになる。それで、我執を強めるということになる。だから、何か話がわかればいよいよ自分の分別で内を固めることになる。武装して鎧を着ることになる。そうでしょう。物知りは信心ではない。仏法の物知りになったら厄介な人間です。世間の物知りで足らず、仏法の物知りになったら、なお厄介な人間になって、一文不知にはなれない。まあ押していけば、そういうつもりでなくても、如来だろうが、本願だろうが外に考えたものは皆迷信です。

兵頭 ほかを探す必要がないのですね。

安田 そういう自分の方が外だったと気づく。自分が外だった、さかしまになっていた。

兵頭 ほかを探す気が出たという。

一心一向

たのんだときに、
もう南無阿弥陀
仏の中にあった

安田　それは無理もない話であるが、それに気がつけばよい。自分が外だと気づいた。それは内に呼びかえされたこと。これまでは仏法の話を聴聞していたが、仏法は外にあって自分は内であった。気がついてみれば逆だった。仏法が内である。仏法が本当の我であった。そういう具合に立場が変わってくる。見方が変わってくるのが回心懺悔です。ああもったいないことであったと、力が入るわけではない。非常に素直なことです。自覚というといかめしいようであるが、はじめて素直な子供にならせてもらった。それが親に遇ったことです。一心一向というのは、これまで自分と他と二つに考えていた。それは二つの心。それがみんな話にする。二つの心の間違いであったことを知れば、一心一向です。たのむ如来が自分です。たのむのも如来です。一心一向になる。

兵頭　たのむのも如来、如来があってたのむのではないのですか。

安田　如来をたのむのが如来である。たのむのは賜わったのです。もう、如来は向こうにない。たのむ心がそれが生き如来。妄想ではない。一点の妄想も入る余地がない。だからして、向こうに置けば、あるやらないやらわからないけれども、たのむという所にこれは一点の疑いのない行でしょう。具体的な行であり、信である。不思議でしょう。そのときはもう南無阿弥陀仏の中にあった。気がついたとき、たのんだときに、もう南無阿弥陀仏の中にあった。南無です。どうしてそうなったかわからないけれども本願の不思議です。こうしてこうしてこうしてこうなれば、話・理屈でしょう。夢から覚めるのは、夢の中でこうして

うろうろしている自分の心

こうしてといっても覚めない。夢から覚めるということは、はっと覚めるでしょう。順序をつけて覚めるということはない。順序をつけてみたところで、夢の中の順序ですから手間のかからないものです。

兵頭　自分の心はうろうろしている。うろうろしていても、それならといって、自分で判断のつくことがないことはわかっているのですが、ここに、教えを頂くわけにいかないものですか。

安田　うろうろしているのだけれども、うろうろしているということだけは、うろうろしていないでしょう。

兵頭　確かに、自分のことですからわかります。

安田　うろうろしているということだけはわかるでしょう。うろうろしていることだけは、はっきりしているでしょう。だから、それはうろうろしていないでしょう。

兵頭　うろうろしていることがはっきりしている。

安田　だから、うろうろしているということは、はっきりしているでしょう。

兵頭　うろうろしているということは、間違いないです。

安田　うろうろしているということだけは、うろうろしていない。はっきりしているでしょう。これだけはうろうろしていないでしょう。うろうろしているということだけがはっきりしているのですから、それだけが手がかりです。

自分の虚仮がわかったことが、仏のまことにふれた証拠

兵頭　うろうろしているということだけは、わかります。

安田　うろうろしているほかに、自分はないでしょう。それが自分であって我執です。だから、それを百年延ばしても少しも変わらない。だから、うろうろしていることは、そら言、たわ言ということです。何を言っても一向当てにならないことです。そら言たわ言、まことあることなしということは、はっきりしているでしょう。それでただ念仏のみがまことです。自分の心はうろうろしているのだから、まことがないのです。だから、うろうろしているということは、虚仮《こけ》ということです。虚仮がわかったことが、まことにふれたことではないですか。

兵頭　そうです。

安田　自分の虚仮がわかったことが、仏のまことにふれた証拠です。そこには、虚仮がわかっていてもあなたは虚仮の自分を離さない。うろうろしている自分を離さない。

兵頭　もうあかん者と覚悟しているのです。

安田　覚悟はこれからの話です。いま、どうです。

兵頭　ここに、ご念仏が。

安田　そのうろうろしている自分に、見限りがつかないのですか。

兵頭　どうも、自分で苦しいです。

安田　だから、見限りがつかないのですか。

兵頭　うろうろしているということもわからなかったのです。

安田　話の結果、うろうろしている自分である。覚悟はしているというならば、覚悟しているということは、どうせ駄目になっても恨みませんという覚悟をしているというのですか。

兵頭　言葉に土地の習慣があって。

安田　覚悟ということはそのままでよいのです。覚も悟もさとるというのです。

兵頭　覚悟は予定だといえば予定にもとられる。そういうつもりはないのです。

安田　だから、あなたがうろうろしていることもわかった。それをあなたは捨てられませんか。自分の我執が捨てられないのですか。

自分の我執が捨てられないか？

兵頭　その点、放っておけんこともないように思われます。

安田　本当につまらないと知ったら、素直に南無ができる。妄想ということを知らせてもらった、それが南無の世界ではないですか。心というものは、動きどうしに動いているから当てにならない。いつでもどこでも動かないものは南無阿弥陀仏です。あなたが信じない前も南無阿弥陀仏。信じた後も南無阿弥陀仏。南無阿弥陀仏は変わらないのです。心を相手にしているのは妄想を相手にしているのです。自分の心を相手にするということは、つまり自分のどうにもならない、ころころころんでいくものを相手にしているのです。

兵頭　相手にするよりない。

南無阿弥陀仏と称えるところに、いつでも本願にかえらしてもらえる

安田　南無阿弥陀仏を相手にするのです。ころころ変わる、そういう自分を相手にして南無阿弥陀仏がある。

兵頭　南無阿弥陀仏が頼りになることができるのですか。

安田　そうです。南無阿弥陀仏と自分の心と二つよりない。三番目はない。どれほどうろうろしていても、南無阿弥陀仏と称えるところに、いつでも本願にかえらしてもらえる。

兵頭　いつでも、心のあせりが止まる。

安田　止まるわけです。そういう心を起こすまいとしても起こる。起こっても南無阿弥陀仏と仏の心にかえらしてもらえる。起こってもよい。起こるたびに南無阿弥陀仏。そこへかえらして頂くと、本願にかえるでしょう。時処諸縁を嫌わないのです。楽しいときだけ出るわけではない。もう、南無阿弥陀仏といったときにどんな心が起きても、起きるに即して南無阿弥陀仏。妄想がいくら起こっても南無阿弥陀仏はいつでも変わらないのです。それは南無阿弥陀仏というときだけ南無阿弥陀仏があるのではない。妄想が起こったときも、それを縁として南無阿弥陀仏にかえるのです。

兵頭　起こっても、恐れることはないのですか。

安田　その起こるのを起こらないようにしてから、南無阿弥陀仏と言おうとしてもそれはできない。

兵頭　起こったものを縁としてですか。

妄想・妄念というものは生きている限り起こる

安田　南無阿弥陀仏の中に、われわれは何度でもやせ我慢を張っていたのだから、そのやせ我慢の起こるたびに南無阿弥陀仏。南無阿弥陀仏の中に南無阿弥陀仏する。

兵頭　南無阿弥陀仏の中に南無阿弥陀仏に包まれるのですか。

安田　われわれが南無阿弥陀仏するでしょう。そのことによって阿弥陀仏が南無する。われわれの方からいえば仏を憶念する。仏の方からいえば衆生を憶念して下さる。われわれが仏を憶念してみると、それより先に仏が衆生を憶念して下された。やせ我慢の起こるのを縁として南無すれば、それは仏の南無にかえる。非常に楽なわけでしょう。やせ我慢を起こすなといっても、無始以来の癖で起こすのだから、何ほど起こってもかまわないでしょう。われわれの方は起こる縁にふれて、南無するのですが、仏の方は四六時中、われわれを憶念していられる。われわれの方はそうはいかない。妄想の起こるたびに南無する。われわれは縁にふれて南無する。南無してみると四六時中、南無しておられた所へかえる。

兵頭　有難いことではないですか。

安田　心に座りができます。

南無阿弥陀仏という所で座りができる。煩悩が起こってもそれと争わない。やせ我慢というそんなものに動かされるものではない。自分の妄想・妄念に動かされるものではない。妄想・妄念というものは生きている限り起こる。何ほど起こっても妄想に即して南無。起こらないようにしようとすると、すればするほど苦しくなる。またできない。人

妄念・妄想の起こるたびに南無する。それは仏の南無が現われ、仏が私の上に成就したこと

我執を捨ててから南無するのではない。妄想を相手にしない

間の自性というものは、うろうろしたものだと知らして頂く。しっかりしてみた所でうろうろする。心というものは、そういう性質のものです。いつでも・どこでも・誰でも変わらないものは南無阿弥陀仏。実際、われわれが南無するというのは、妄念・妄想の起こるたびに南無するといったけれども、私ではない。仏の南無が現われたのです。仏が私の上に成就した。南無することまで、仏の誓いです。妄念・妄想の中に妄想を破って南無する。私が南無するというままが仏の成就です。仏が南無する我となって下された。それがお助けというものです。向こうの方に仏があるのではない。それを縁として、南無することを機として、仏の広大な世界がそこへ展開するのです。

兵頭　昨年、奥さんに速記して頂きまして、そのおかげで一応道理だけでもわからせてもらいました。ここへ来ると行き詰まったことが出てきました。

安田　今日ははっきりしたでしょう。我執を捨ててから南無するのではない。妄想を相手にしない。

兵頭　妄想をお念仏の縁として下さる。

安田　そうです。妄想が成仏するから南無に消えてしまうのです。妄想が縁となって南無するのですが、従って、妄想は南無したときにはないのです。

兵頭　南無したときに消えるのですか。

安田　何ほどでも起これば起こるほどよい。あなたも理屈にすると、妄想を捨ててから南

妄想の相手は妄想

聖道の道

南無する心

無しようという。それは妄想の相手になっている。妄想の相手は妄想です。

兵頭 いつまで考えても、捨てることができません。

安田 妄想だということが、自ら称えさせる。妄想だとわかったときに南無する。その妄想というものもいろいろ努力してたたきこわそうという道もあるが、それは聖道《しょうどう》の道です。

兵頭 妄想が邪魔になっていけないのですが、邪魔にすればするほどもつれて。

安田 妄想の相手になると、それは妄想になる。妄想のとりこになる。そのために南無。妄想に先立って南無。

兵頭 南無を成就されたということとは、広大無辺なことですか。

安田 それはそうです。南無がなければ、妄想とけんかして妄想に勝つより仕方がない。南無する心が阿弥陀仏から出てきた心です。だから、不思議というのです。

兵頭 この南無する心というのは、阿弥陀仏のはたらきですか。

安田 仏のはたらきです。だから招喚という。われわれはどこまでも我執をもっている。そのわれわれに南無する心が起こるというのは不思議です。だから誓願不思議です。どう考えてみたところで我執・我慢の自分に南無の心が起こりようがない。それが起こるのが不思議です。それは私が南無すると思っていたが、私ではない。それも一面からいえば、いろいろの教えによるわけです。内からいえば、本願が名乗って下された。本願の力によるものです。外からいえば、釈尊以来の教えによって南無することができるのです。

兵頭　どうも有難うございました。

〈注〉

①（18頁）**宿業をもちける身**

この対話を貫いて「宿業」ということが出てくる。「宿」という字は、過去を表わすのであるが、宿世・宿因・宿願等とつかわれて、前世の意味を持っている。前世とは、インド以来の輪廻転生の生命観に由来するもので、現在の生の前の生を表している言葉である。さらに言えば、現在の生存在を規定してきた過去の一切の生活の歴史を、先の世の生として表現するのであろう。そして、「宿業」というときには、その前世での一切の業、つまり三業《さんごう》（身《しん》・口《く》・意《い》業）における善・悪・無記の行為と、その経験の薫習《くんじゅう》（行為は瞬間に消えるが、行為したということの何がしかの意味が行為した個体に残る、それを言う）の総体を引き受けているものが、現在の存在であり、そこに、自己の存在が遠く深い背景を背負い、自己の思いを超えて運命的な限定を与えられたものであるということを、語っている。したがって、宿業とだけいえば、思いのままにならない不自由な現象としての現在に対する暗い運命的なるものへのあきらめの表現ともなる。親鸞自身は、この言葉を書き記してはいないのだが、真宗の思想表現には、この宿業からの解放を語ることが必須であり、その正確な了解が待たれている。『歎異抄』には「そくばくの業をもちける身にてありけるを、たすけんと思召《おぼしめ》したちける本願のかたじけなさよ」という表現があり、それを「機の深信」の「曠劫《こうごう》よりこのかた常に没《もっ》し常に流転して出離の縁あることなき身」であるといっている。

この宿命的な現在の規定としての背景を背負った存在を、苦悩と不満で感じている意識を、いま、無明の自我と語りかけ、生命の事実そのものを如来の智恵から照らすときには、プラスもマイナスもない平等の因縁によって、たまたま現在が与えられているということを、「一如から差別された衆生」といわれるのであろう。

②（42頁）南無阿弥陀仏は本能としてあなたの中で行じている

この対話で一貫して安田理深先生は、如来も一如も自己を離れた外の存在ではないと教えられる。理知分別の思考の枠から出られない質問者に対し、仏法の心得を主体的に受けとめることとし、教えは単なる対象化された教理や教義ではなく、自己の迷いを晴らした感動の表現であることを語りかけている。仏の名もその名の意味を自己に受けとめれば、外の存在者ではなく、自己自身の本来の名乗りであるというのである。

「本能」とは、曽我量深師が「宿業は本能である」と、宿業の意味を定義されたことに由来する。「本能」といっても、生物学的な意味ではなく、理知分別に対して、身をもってそのとおりであるとうなずくような宗教的感動は、いわば先祖伝来生命の中に伝えられている本能のようなものであるというのである。しかも、それが宿業という運命的な言葉と結びついて、聞法できるのは、重い宿命的な業報の果たる身があるからであり、ここに響かせて聞いてこそ、教えが自己を転換するはたらきとなるといわれるのである。

③（72頁）**われとなった如来**

法蔵菩薩は、いうまでもなく『無量寿経』の本願を説きいだすについて、その願心を発起する主体の名乗りである。阿弥陀如来の因位の物語の主体である。この名を、親しく我ら凡夫の真実の主体であり、この願心に感動し、この願を生きることこそ真実信心であると、うなずいて、ここに信心が真実の我であるといわれたのが、曽我量深先生であった。「如来我となるとは、法蔵菩薩降誕のことなり」というのである。

この宣言とでもいうべき、法蔵菩薩の発見は阿弥陀の光明そのものでは、苦悩と孤独に沈む自分の真実の救いにならない、この凡夫の闇に、闇を担って生きようとするものが法蔵願心である。これこそが真の我を救済せんとする大悲の名乗りである、とうなずいた曽我先生の体験がある。この法蔵こそ地上の救済主であるというのである。

阿弥陀は遠く彼の浄土に映現する光明であるが、深い愚痴の闇に親しく現われたもう大悲心は、法蔵菩薩であると。

この対話にくり返して言われるように、いわゆる我は真の我ではない。我執の我である。苦悩の生命をくり返す妄念の我である。真実の我はこれを破って名乗りを上げる新しい我である。いわば妄我に死んで、真我によみがえったときの名乗りが、法蔵願心なのであると。

④（97頁）**宿業が大地です**

宿業は、普通には個別の自己を個別たらしめるもの、個人個人の相異なる存在の運命的背景とでも言うべきものなのであろうが、この対話で明らかにされてきたように、自己は単立の存在ではなく、自己が一切衆生であり、一切衆生の背景を自己の背景としていただくときに、宿業因縁を担って現に生きている生命の主体が真の我たる法蔵菩薩であることを知る。法蔵が我を担うとき、わが宿業は法蔵菩薩の歴史であり、本願の呼びかけを感知することができる可能根拠でもある。個別の存在の背景は別業であるが、人間業の共感を担う法蔵願心には、別業の一切を包んで、人間の共業の大地となるのであろう。誰でもが法蔵願心に深く共感できるのは、個我的存在の状況的救済ではなく、一切衆生の根源的救済を念じ続ける大悲によるからである。大悲願心なるがゆえに、時代を超え、歴史状況を超えて、いつでもどこでもいま現に苦悩の存在となるのである。具体的な個人の苦悩を縁としつつ、絶対の超越的救済を呼びかけるところに、宿業を個別の背景にする我執を破って、一切衆生の永劫の苦悩を担う大悲のはたらく場所を開くのである。ここに大地に比せられるものは、一切衆生をそこに育て、そこに立ちあがらせ、安んじてそこに倒れることができるような場所が、宿業であるということであろう。個は単に個ではなく、個に一切衆生の宿業が与えられてこそ、個が人間たりうるのである。個の苦悩はしたがって、単なる個の苦悩ではなく、法蔵願心を呼び起こすような苦悩であり、一切衆生の闇を感ずる苦悩であるといえよう。

第二会

一九六一（昭和三十六）年八月四・七日
一九六二（昭和三十七）年八月七・十一日

南無阿弥陀仏を掴もうとする心

自分で考えてたのむ心が出てくるならば、南無阿弥陀仏はいらない

【一】

兵頭　私は南無阿弥陀仏を掴《つか》もうとする。

安田　掴もうとする心を振り捨てて入る。

兵頭　掴もうとする心がやっとわかるようになった。それが計らいではいけない。

安田　その計らいでというのは、やはり、たのむまいとするのです。実はたのむのではない。たのまないのです。破れない心です。破れない心というけれども、破るまいとする心です。いかにも破りたいといい、たのむというように見えるけれども、実は破りたくない心です。

兵頭　そうです。

安田　そういう心を整理して何とかすれば、たのむ心が出てくるように思っても出てこないものだと思う。自分で考えてたのむ心が出てくるならば、南無阿弥陀仏はいらないものでしょう。たのむ心は絶対に起きないものだ、ということ。何とかしてたのむ心が出てくるならば、本願はいらないものでしょう。われわれが何としてもたのめないというのは、われわれの自性です。それで、われわれに先立って仏の方から呼びかけて下さる。

兵頭　その呼びかけの声が聞きたいのですが、聞こえません。

安田　聞こえない人間であればこそ、南無阿弥陀仏というはっきりした言葉が与えられて

自分の心を相手にしないで、南無を聞く

ある。南無阿弥陀仏といえば、聞かないわけにはいかないでしょう。仏といえば形がない。それで南無阿弥陀仏という形をとられた。南無とたのめよ。いろいろ思いわずらうことは放っておいて、片付けてからではなく、お聞かせ頂いて何とか南無することができるようになるならば、南無阿弥陀仏はいらないのです。百年たったところでわれわれの思いは同じことです。堂々めぐりです。けれどもそれをなくする必要はない。それはそういうものとして、そういう自分の心を調えようとしても調えられない。そういう心は生きている限り起こっても、それに頼らなければよい。

兵頭　そうですか。

安田　あなたのそういう心は、起こすなといっても無理です。それはできないことです。生きているから起こるけれどもそれを立場にするな。振り捨ててということはそういうことです。自分の心を信用しない。どれほど心が起こってもそれを信用しない。そして南無阿弥陀仏に任せるわけです。

兵頭　南無阿弥陀仏がいままで生きてはたらいて下さっている。

安田　自分の心が生きておるからです。生きていて取り引きの心ですから、それは起こっても相手にするな、ということです。自分の心を相手にしないで、南無を聞くのです。

兵頭　そこに、南無するのですか。

安田　南無阿弥陀仏をこちらにもってくるのではなく、自分の心を相手にせず、南無と阿

南無阿弥陀仏と言ったときに生まれ変わる

南無阿弥陀仏とは

弥陀仏に召されるのです。

兵頭　向こうの命令に従うのですか。

安田　南無するということです。南無せよという命令で南無するのではない。南無しかないのです。南無阿弥陀仏で教えの心を成就して下さるのです。ただ南無する心を賜わる。命令と南無と二つあるのではない。

兵頭　私の中では、どうしてもここがわからなかった。

安田　命令を向こうに置いて、来たれということを聞いて、ああそうですかと行こうとする。南無阿弥陀仏ということは、聞くときにもう自分は南無阿弥陀仏の中にある。生まれ変わるのです。南無阿弥陀仏と言ったときに生まれ変わるのです。あなたは、二つあるから信心というようなことを言っても、変わらないのです。われわれの心をきれいにしようとするからわからないのです。南無で信心を与えて頂く。信心といっても南無した心です。

兵頭　本願に従うことですか。

安田　南無阿弥陀仏ということは、どんな愚かな者でもわかる。

兵頭　それがわからないのです。

安田　形はわかるでしょう。わけのわからない人間でも南無阿弥陀仏ということはわかるでしょう。南無阿弥陀仏というのは名号。名号というのは形ですが、あれは誰でもわかる。そのままでわかる形を本願がとってこられた。南無阿弥陀仏というほかに本願はない。われわれの心でみているから、ただの言葉だと思う。そうではない。本願の呼びかけです。

兵頭　私に向かっての呼びかけですか。

安田　南無阿弥陀仏によって、南無阿弥陀仏の外に出ていた心が南無阿弥陀仏という本願の呼びかけを感得するのです。南無阿弥陀仏というのは、ただの字だとか六字の名号だとかと思っていたのが、字は死んだものであるが、呼びかけは生きたものです。南無阿弥陀仏によって生きた本願にふれるのです。南無する者は皆阿弥陀仏です。南無せよ、阿弥陀仏として摂取せん。本願が阿弥陀仏としてはたらいて下さる。生きたはたらきです。われわれうろうろしておる者のためのおはたらきです。いろいろ調えてみても、調わないのがわれわれです。起こすなといっても、死ぬまで起こすのがわれわれです。それにもかかわらず生きたはたらきというものを感ずるところ、それが南無したことです。南無できたことです。向こうの方から来いよと呼んでおるのではない。南無することができたということ、それが事実でしょう。

兵頭　南無することができたら。

安田　それが生きた南無阿弥陀仏です。それが南無せよという勅命です。南無するという理屈ではない。われわれが南無する。

兵頭　ここに呼びかけているのは。

安田　呼びかけを向こうに置いてはいけない。われわれの頭の下がるとき、呼びかけを聞

頭が下がったことが勅命。呼びかけの事実

声なき声を聞くことによって如来が私になった

掴むということを捨てて、自分の全体を投げ出す

く。徹頭徹尾、頭が下がる。それが勅命です。頭が下がったことが勅命です。本願の呼びかけは声にあるのではない。自分の頭の下がったことが呼びかけの事実です。

兵頭　南無というのは呼びかけといっても、我をたのめという声があるわけですか。

安田　声というのは、感得したことです。声といっても形がない。

兵頭　形がなくてそれは、声なき声を聞くというのですか。

安田　そうです。南無というのは文字ではない。

兵頭　声なき声を自己が聞く、というのですか。

安田　声なき声によって、自己が生まれる。自己があって聞くのではない。そういう自己はあなたの我執です。南無するという、それが本当の自己です。自分を賜わる。聞くことによって如来が私になった。

兵頭　たのんだために助かるのと違いますか。

安田　たのんだことがお助けです。たのむことができたならば、一切はお助けです。

兵頭　私のたのむのが間違いでしょうか。私のたのむのは、掴めない。

安田　そうではない。助かるために何かをということではない。掴むということを捨てて、自分の全体を投げ出すことです。掴むというようなけちくさい心を捨てて、全身を投げだすことだけです。

兵頭　一番むずかしいことでしょう。

たのむ心は絶対に起こらないものだ、と投げ出す。それがたのんだこと

安田　煮て食おうと焼いて食おうとかまわないと、全体をそこへ投げ出すことです。

兵頭　（沈黙）

安田　たのむということを形で現わせば五体投地。自分を投げ出すことです。助からないままに。それが生きた南無阿弥陀仏。投げ出した上に如来は成就していく。

兵頭　礼拝ということは、そういう尊いこととは知りませんでした。

安田　礼拝ということは外のことですが、たのむということがわからないから礼拝で説明するわけです。永遠に疑いを離れることはできませんと投げ出すのです。疑いを止められるならばたのむ必要がない。疑いの心をどうかするのではない。たのむ心は絶対に起こらないものだ、と投げ出す。それがたのんだことです。それが勅命です。それはもうあなたではない。あなたはそこに死んで生きておる。死して生きるということがある。

兵頭　投げ出すことがたのむことですか。

安田　そう言えば、はっきりするのです。自分でたのむということができないと投げ出す。どうすることもできない、と投げ出す。あなたは投げ出さないでしょう。

兵頭　その投げ出すのを、何か条件のように思っているのです。

安田　それは投げ出す条件が残っているのです。

兵頭　この信と行がなければ、問題は解決できないのではないですか。

安田　だから、信心が開発するわけにはいかない。

南無阿弥陀仏を与えて下されてあるというのが十七願

南無阿弥陀仏のはたらき

兵頭　どうしても行からですか。

安田　行というのは南無阿弥陀仏。南無阿弥陀仏を与えて下されてあるというのが十七願です。

兵頭　どうも、道は立ててもらってあるけれども、この十七願に入れば浄土に乗るのですか。

安田　乗るのは十八願です。十七願というものによって、十八願に乗る心が成就する。

兵頭　十七願が、どうしても先に立つ。

安田　十七願が先に立つ。あなたは信じようという心が先に立つ。あなたは生命ばかり考えているが、仏はかねてご承知になって、わざわざ十七願を立てて南無阿弥陀仏を与えて下さってある。それで南無阿弥陀仏から出発する。南無阿弥陀仏以前から出発しようとすると、あなたの心から出発するより仕方がない。

兵頭　それは、役に立ちません。

安田　われわれがたのむのも助かるのも、南無阿弥陀仏のはたらきです。自分の心のはたらきではない。南無阿弥陀仏で行も信も証も成就して下さる。それで、われわれが本願をたのんで助けられるというのが、南無阿弥陀仏のはたらきです。それが行です。南無阿弥陀仏が行ずるのです。だから、われわれがたのむということも、南無阿弥陀仏の行ずるはたらきです。はじめから十八願というけれども十九願があり、二十願もある。

他力を信ずるということ

二十願の自覚

兵頭　そういう区別は、昨年も。

安田　あなたも南無阿弥陀仏を知らないわけではない。南無阿弥陀仏を与えて下さるというのが他力の回向であるが、はじめから他力回向ということはないのであって、あなたはいまはじめてではなく、何年も聞いておられるのですが、南無阿弥陀仏を外の心で称える。

兵頭　私の只今の心では、他力を信ずるということもあるのですが、これがちっともわからなかった。他力を自力で信ずるのは一番わかりがよいのですが、南無阿弥陀仏のおはたらきということであるとすれば、私の自力で助かるということはできないから、どうしても自分というものは。

安田　あなたは、いままで南無阿弥陀仏を捨てていたのではない。一生懸命、南無阿弥陀仏をたのんでおられたのですが、それは自力の信心です。はじめから他力ということはない。はじめは自力から出発せねばならない。いま、あなたがそうでしょう。自力だということは、念仏は称えたけれどもそれを信じておりながら、はっきりしない。それは二十願が自覚されたわけです。

兵頭　これは到底駄目だ、ということは知らして頂きましたが。

安田　それが二十願です。はじめからあなたが南無阿弥陀仏を捨てておられるならば別ですが。ともかく、念仏を信ずるといっても、はじめから他力を信じよといっても、それはできない。自力を信ずるけれども、自力という自覚はない。

念仏しておりながら、腹がふくれない

他力だと思いつつ自力だったと知らされて懺悔する。それが他力

小賢しさが罪

兵頭　何といっても、そこへ出てきません。

安田　いろいろ念仏しておりながら、腹がふくれない。そこで自力だという自覚が与えられる。他力だと思いつつ自力だった。腹がふくれないのが証拠であった。自力を自力と知らして頂いて、懺悔するということがある。それが他力です。南無阿弥陀仏というのは向こうから来ておられる。向こうから南無阿弥陀仏がわれわれに呼びかけ、われわれの中にはたらいておられる。われわれが南無阿弥陀仏の中にある。それにもかかわらず、われわれがそれをもち替える。掴もうとする。他力の念仏を自分の力に直す。

兵頭　掴もうとします。

安田　向こうの方から掴もうとしていられる。

兵頭　向こうから掴もうとせられることがわかりません。

安田　それは自分が掴もうとするからです。それを懺悔する。その懺悔するということが二十願。はじめは他力だ他力だと思っておるが、それが自力であった。自力を知らせて頂くということで、他力ということに目覚める。ああ、すまないことであった。もったいないことであった。小賢しさのいらない南無阿弥陀仏の中にいながら、わかるだのわからないだのとこねまわしていた。文句のいらない南無阿弥陀仏の中におりながら文句を言っていたと。こういう懺悔をさせて頂く。小賢しさということが罪です。腹が立つとか欲が深いとかということが罪ではない。小賢しさが罪です。腹が立つというそういう煩悩は大切

勅命とは?

気がつく前にわれわれの中に流れている。南無阿弥陀仏で気がつく

な煩悩です。

兵頭 私は勅命ということが話になっていて、はっきりしていないのです。

安田 勅命というのは、生きたはたらきです。南無阿弥陀仏が勅命でなかったなら、南無阿弥陀仏は物質になってしまう。声か文字か。そういうものならば教理です。行にはならない。生きてはたらくから行になる。南無阿弥陀仏は生きているものだ。死んだ言葉ではない。こういうときに勅命という。勅命というのは一つの自覚です。話ではない。

兵頭 この勅命ということが、外から来るということと、心の底に響くということと。生きてはたらくのですか。

安田 内と外とがある。外は釈尊以来の教えです。内からも外からも同時に、表から言えば外。裏から言えば内。あなたの宿業の内です。あなたは南無阿弥陀仏を向こうに置くが、自分の中に南無阿弥陀仏が名乗ってくる。あなたの小賢しい心を破ってくる。内も外も一つであることが行です。行ということは考えることではない。考えを破って行ずる。考えを破るのが行です。

兵頭 如来が破って下さるのですか。

安田 それが小賢しい考えで、ああ小賢しいことだったと気がつくのが、破れたことです。勅命がなかったなら、南無阿弥陀仏がないのと同じことです。本願から言えば、われわれが知ろうが知るまいが、本願はわれわれの宿業の中に流れている。われわれが気がつく前

本願が現実になっているのが行、その行にうなずいたのが信心

にわれわれの中に流れている。しかしそれでは目を覚まさないでしょう。そのために南無阿弥陀仏というものを与えて下さる。南無阿弥陀仏で気がつくのです。それでたのむこともできる。助かることもできる。われわれがたのんだり助かったりすることを考えて下さる。仏の中にいてもわれわれはたのむことができない。本来われわれは本願の中に包まれておるのですが、たのんでみようがない。

兵頭　そうすると、南無阿弥陀仏が自分の肉体の血となり肉となって行じて下さる。

安田　そうです。行がなければ信ずるものがないでしょう。向こうに置いたら信じられんでしょう。行というのは現実のことです。本願が現実になっていること。理屈なら疑えるけれども、本願が現実になっているのが行です。現行というのです。小賢しさが理屈にするのです。理屈を破って現実になっているのが行です。もう、疑おうとしても疑えない。行というものにうなずいたのが信心です。ああ、そうであったか。それが分別のない心です。あなたは疑っておるわけではないけれども、分別の心です。小賢しい心です。分別の心だから安心ができない。分別のない心、それは行です。南無阿弥陀仏は南無阿弥陀仏を信ずると言って向こうに置くのではない。体です。行体。信心の対象ではない。念仏に立つ所、立つ所を信心。南無阿弥陀仏を信心の向こうに置いているのはただ理屈です。信ずるのも、ただ小賢しい分別の心です。向こうに置いていてもそれは間違いであった。見ている心も南無阿弥陀仏であった。そのときに小賢しい心も捨てられるでしょう。これで

われわれが行ずるに先立って、行としてきている

あったかと永い間の小賢しい心を懺悔する。あなたが南無阿弥陀仏に生まれかわる。南無阿弥陀仏に生きかえる。立ち上がる。自分が南無阿弥陀仏であった。私が南無阿弥陀仏であった。

兵頭　私より先に私の血となり肉となり。

安田　そうであるから、われわれが行く必要がない。掴もうとするのでもない。向こうから来ている。

兵頭　そうすると、生まれる前から来ていられる。

安田　生まれるといっても、母親から生まれるのではない。われわれが行ずるに先立って、行としてきている。こちらに来ているものをまた向こうに押しやっていく。それが自力の信心です。それも信心ですが、小賢しい信心です。けれども小賢しい信心というものからしか、人間は出発できない。はじめは十九願や二十願から出発する。それは二十願と思わぬけれども腹がふくれないというところから、気づかせて頂く。

兵頭　自分は、他力に目覚めるということがわからないですから。

安田　他力といっても回向ということにならないと、他力が向こうにある。他力がこちらに来たのが回向。行も信も回向です。行がなければ、信ずるということがない。向こうに置いたものは信ずることができない。何ほどでも疑われるが、こちらへ来ているもの、事実は疑いようがない。

本当の自己

兵頭　行というものは、生まれる先から身についているものではない。

安田　以前というのは、時間的にはじめという意味ではない。まず行が基礎だということ。時間的に昨日行があって今日信ずる、ということではない。時間的には同時です。順序がはじめであるというのです。

兵頭　そうすると自己というものは、自分には妄念・妄想・我執をもっておらないわけですか。自己というものは、自己、自己というわけは。

安田　われわれは妄念を自己と思っておるがそうではない。信心が自己となる。妄想の自己を破ってもらって、南無阿弥陀仏の行によって南無阿弥陀仏の信を得る。それが自己です。

兵頭　そうすると、信心を自己と言うのですか。

安田　そうです。信心が本当の自己です。それは如来が自己となって下さる。如来が私となって私を救って下さる。

兵頭　自己、自己というがそれがわからなかった。

安田　それは我執です。その自己というものが無始以来われを悩ましてきたが、それがはねのけておった。

兵頭　欲しいのに、はねのけはしないと思うのですが。

安田　それが妄想です。われわれは妄想を自己だと思っている。妄想の自己を打ち砕いて

我執の自己、信心の自己

信心の自己を与えて下さる。信心によって自己が成り立つから、煩悩も宿業もおそれないという、そういう自己です。我執ではそういうことは出ない。地獄に堕ちても後悔しないという、そういう強い自分を賜わる。それが本当の自己です。それは如来が私を担って下さる。それが法蔵菩薩のお心です。法蔵菩薩のお心として信心を賜わる。それが本当の自己です。そういう自己が生まれたら、死ぬも生きるも何も恐れない。地獄を恐れるような信心ではないのです。

兵頭　信心をもって自己とする。自己をやはり探していた。何か自己というものが現われるように探していました。

安田　そういう自己というのは我執です。我執の自己が嫌っていた。信心の自己ならば、宿業を背負っている。我執の自己だから、宿業を嫌う。地獄を嫌って極楽が欲しいのです。法蔵菩薩の本願に、我という字が使ってあるでしょう。設《たと》い我仏を得たらんにと。それを天親菩薩《てんじんぼさつ》も、我一心にと言われる。本願が法蔵菩薩です。本願が我です。その本願の我が天親菩薩の信心の我として成就する。願は仏の我。信はわれわれの我。同じものです。

兵頭　我、一心にといわれる。それは自己の我が立つ我ですか。

安田　そうです。だから信心を頂かないものには我がないのです。法蔵菩薩にならしてもらえるのです。南無阿弥陀仏は法蔵菩薩の我である。そういうのを南無阿弥陀仏という。もう世界も南無阿弥陀仏。自己も南無阿弥陀仏。南無阿弥陀仏が身についていなければな

声を出すときだけが南無阿弥陀仏ではない

転入

らない。声を出すときだけが南無阿弥陀仏ではない。

兵頭　世界が南無阿弥陀仏の中に生かされて。

安田　そうです。生きるも死ぬも南無阿弥陀仏。不足を言う必要がない。生まれたり死んだりするよりも大きいのです。生まれたり死んだりするのは、業によって生まれたり業によって死ぬのである。南無阿弥陀仏は、生まれたり死んだりするよりもっと大きいものです。

兵頭　直接こういうお話を聞かせてもらってもわからないものですか。

安田　それは、あなたにそういう苦しみがあってわかるのです。苦しみがなければわからない。あなたがいままで苦しんで来られたので、ああそうかとわかる。そのわかったのが行信。これから行ずるのではない。なるほどそうであったか、という。それが行信。ひまのかかるものではない。話がわかってこれから行ずるというのではない。わかったことが行信。わかってみれば全部が行であり信であるわけです。南無阿弥陀仏が行信です。南無阿弥陀仏が南無阿弥陀仏を与えるのが行。それを受け取ったのが信。南無阿弥陀仏が行であり信である。だから、与えるのも仏、受け取るのも仏です。そこにあなたの計らいは紙一重も入らない。そこにはわれわれの計らいを入れる余地がない。ああ、これはこれは、そういうのが信です。

兵頭　信のところに転入するというのですか。

聞くということ

信心と聞くのとは一つ。耳が聞くのではない。聞こえたことが信心

聞くのも仏法の中。世間の心では聞こえない

安田　いま言ったように、これまでの小賢しさを破って裸になる。紙一重も入れられないから裸になる。南無阿弥陀仏、と裸になる。それを転入という。話を聞いてあとで考えるのではない。なるほどそうであったか。それが行信。行信証もある。わかった瞬間、わかったとき、それが正定です。地獄へでもどこへでも行けるものです。

兵頭　仏法が話でなくなっていけるのですか。話が徹底してこないとむずかしい。

安田　聞くといっても、もっと言えば信心が聞くのです。わからない心が聞くのではない。信心と聞くのとは一つです。耳が聞くのではない。聞こえたことが信心。信心が法を聞く。仏法を聞くのです。普通は、聞くのは耳で聞いて、あとで心で信じようと思う。けれども聞こえたことが行じたことです。私が話をするのは行です。あなたがそれを聞かれるのは信です。なるほどと、あなたがそれを聞いているのは信です。私の話とあなたのうなずくのと紙一重のへだてがない。行即信でしょう。だからいままでもわからないことではなかった。

兵頭　やはり、仏法を聞く道が誤っていた。

安田　いろいろな教え方がわからなかったのでしょう。

兵頭　仏法を聞くというような考えで仏法を聞きはしないのです。

安田　聞くのも仏法の中である。世間の心では聞こえない。求めるのも聞くのも仏法の中である。聞くのが仏法のはたらきです。仏法の中で仏法を聞く。そういう身に置かれるの

三千大千世界に満てらん火をもなおすぎて、これを聞け

法も仏法、機も仏法

です。

兵頭　一切が仏法の中に。

安田　あなたがうなずかないのは、わからないことではなかったのです。執着ということも執着とわかってみれば、夢を見たようなものです。夢から覚めた。執着とわかれば夢です。

兵頭　我執というものよりほかに、仏法を聞かなかったから何ももっていない。我執にとらわれてその我執の中で仏法を聞いていては何もならない。どうしても十七願の名号に出遇わなかったら、信心に入ることはできない。

安田　ですから、まず南無阿弥陀仏を与えられる。

兵頭　私も、去年はじめて聞いただけではよく聞き足りてはおりません。奥[1]さまに書いて頂いたものを毎日読んで、はじめて聞くということがわかりました。

安田　たとえて言えば、三千大千世界に満《み》てらん火をもなおすぎて、これを聞けと、お経に書いてあるでしょう。設《たと》い世界に満てらん火をも必ず過ぎて、もとめて法を聞かば、かならず当《まさ》に仏道を成じ、広く生死《しょうじ》の流れをすくうべしと、「東方偈《とうぼうげ》」にあるでしょう。世界に満ちている火をも過ぎて聞く、ということができるのは、信心です。信心でなければそういうことはできない。大千世界がもう火になっても、なおそれを過ぎて法を聞く。火を恐れないという、それが信心です。聞くという心を賜わった。聞くのも仏法です。聞かれるのが仏法なら聞くのも仏法です。法も仏法であり、機も仏法です。信心は機としての

勅命を向こうに置いてはいけない

たのむことのできたのが助かったこと

仏法です。機も法も南無阿弥陀仏です。

兵頭 機には南無の二字が与えられる。

安田 南無で機を成就して下されたのです。

兵頭 この機の成就がお骨折りだったのですか。

安田 機といっても、半分半分を合わせるのではない。法のはたらきです。

兵頭 法に現われた機ですか。

安田 勅命です。勅命が同時にたのめということ。勅命をたのむのではなく、勅命がたのんだことです。

兵頭 勅命がたのむのですか。

安田 勅命がたのんだ。我をたのめ。それでわれわれのたのむことが成就する。

兵頭 たのめのままがたのんだこと。

安田 勅命を向こうに置いてはいけない。南無阿弥陀仏のはたらきです。われわれが思いを捨てて本願に任せる。それが勅命であり、生きた行です。だから、南無阿弥陀仏全体が本願の言葉です。けれども、それにうなずけば南無阿弥陀仏全体が信心です。たのめ助けんということは、うなずいたらたのんで助かったのです。たのんで助かったというけれども、たのむことのできたのが助かったことです。そういうたのむことのできたそのお助けを、南無阿弥陀仏で回向してある。

称えるということ

恒河沙の諸仏

薬師如来

兵頭 昨年も、ご丁寧にお聞かせ頂いたのですが、称えるということは憶念することと同じですか。

安田 『歎異抄』には、念仏申さんとおもいたつ心のおこるとき、すなわち摂取不捨の利益にあずけしめたもうなり。念仏申さんと思うとき、それはもう念仏したことです。称えよという仏の心を表わしたものです。称えよという勅命です。

兵頭 称えよということが、勅命ですか。

安田 称えよという言葉にうなずいたことがもう称えたことになっている。われわれが口で称えたから行になるのではない。諸仏称名ということは十七願。称名念仏するのを諸仏といってあるのは、これは南無阿弥陀仏の本願をたのんで、仏をたのめば仏になるということを証明しておるのが諸仏です。諸仏というのは、これは南無阿弥陀仏の本願の空しくないことを証明している人が諸仏です。

兵頭 恒河沙《ごうがしゃ》の諸仏は、南無阿弥陀仏を称えた諸仏は、これは念仏を信じられた人ですか。

安田 全部、念仏を信じた人です。

兵頭 そういう仏があるのですか。

安田 恒河沙の諸仏といっても、本願に助かった人は皆恒河沙の仏です。

兵頭 阿弥陀仏で悟らずに仏になられた人はいないのですか。薬師如来とか。

安田 本願に入るように、人をすすめるために、薬師如来になられた。薬師如来でも、ど

どんな仏も、阿弥陀仏の本願によって仏に成られた

還相回向

んな仏でも、阿弥陀仏の本願によって仏に成られた。お釈迦さまはお釈迦さまの道で仏になり、いちいちの仏が皆別の道で仏になられたわけではない。皆本願によって成仏せられた。この本願は一仏乗です。阿弥陀仏はたくさんの仏の中の一仏ではない。あらゆる仏が皆阿弥陀仏の本願によって仏となられた。それを表わすのが十七願。だから、われを見よと証明してある。本願はこれから成就するのではない。すでに成就してあることを証明する。われわれの助かる道がすでに私のために証明せられたという意味です。どんな仏でも念仏成仏以外に道はない。そういうことを証明してあるのが十七願です。法然上人も親鸞聖人も皆諸仏です。

兵頭　薬師如来も、弘法大師も念仏の心を信じられたのですか。

安田　本願から見ればそうです。われわれから見れば、弘法大師も聖道門《しょうどうもん》の人も還相回向《げんそうえこう》です。われわれに往相をすすめておられる。浄土門だけではない。聖道門も還相回向のはたらきです。

兵頭　還相回向のはたらきですか。

安田　聖道門をやめて浄土門へ入れという還相回向です。もっと徹底すれば、迷っている人も悪を起こしている人も、阿闍世でも何でも還相回向です。皆私のために本願を証明して下さる。

兵頭　そうなります。

往相は私一人。自分以外は皆還相

あなたにとっては、全部あなたの目を覚ますためにある

安田　往相は私一人。あとは皆還相。自分以外は皆還相です。

兵頭　全部還相になりますか。

安田　あなたにとっては、全部あなたのためだ、ということです。

兵頭　今日まで法を求めてきたところにお世話になったという意味ですか。

安田　いまでもそうです。あなたの目を覚ますためにあるのです。往相というのは、自分ひとりが往相です。十方恒沙の諸仏といっても、そういうものを空想的にいうわけではない。道を求めて本願によって助けられた人は皆諸仏です。名もない諸仏。親鸞聖人とか法然上人というのは高僧という名前がある。諸仏は無数の名のない人である。恒河沙の諸仏です。

兵頭　名もない諸仏というのは自分だけ信じられた人ですか。本願を信じないと諸仏にはならないのですか。

安田　本願によって助かった人は、どんな人でも諸仏になる。そういう人があなたを証明して、皆本願を証して下さる。早く乗れ。小賢しい分別を捨ててこれを見よと言っておる。まだお前は小賢しい心をもって何をしておるのか。このわしを見よと言っておる。それが諸仏です。

兵頭　乗る世話をして下さる。

安田　そうです。乗れよ、と言って下さる。そういう具合に本願がはたらいてきている。

本願を証明する歴史

南無阿弥陀仏といっても、どこかに人がいて称えるのではない

行というのは念仏することで、個人の行ではない。本願を証明する歴史が行です。

兵頭　生きた歴史ですか。

安田　本当に生きた歴史は、本願の歴史です。迷っているのはあなた一人。なぜ迷うかというと、小賢しさで迷う。諸仏といったところで南無阿弥陀仏が南無阿弥陀仏自身を証明している。

兵頭　南無阿弥陀仏は、やはりお念仏のはたらきです。

安田　南無阿弥陀仏といっても、どこかに人がいて称えるのではない。歴史全体が南無阿弥陀仏。そういう歴史の力はあなたの分別を圧倒して血となり肉となって満ち満ちている。歴史があなたの全身の中に浸透してくる。自分自身を歴史の中に目覚めさせるわけです。

兵頭　そうすると、心は妄念・妄想というが、体の方は奪われない。体は大事なものです。この体があったればこそ、法に遇えた。私もまだ痛いところや腫れたところがないので使えます。曽我先生も同じ歳ですが、お元気です。

安田　それは信仰が朗らかですから、それでお元気です。信仰がはっきりしていると、歳が重なっても明るく元気が出てくる。信仰がはっきりしないと暗いのです。それは不平不満よりないからです。

兵頭　息をするのも全部ご恩。

安田　法を求めるところに人間は生きている。それで求めて、もうすんだということは

聴聞

南無ということにおいて助かった自分が阿弥陀仏になる

摂取不捨

ない。無限に求めていく。聞いても聞いても聞いていく。わからないから聞くのではない。わかったから聞く。

兵頭　わかってはじめて聴聞ができるのですか。

安田　それは、たとい、大千世界に満てらん火をも過ぎゆきて、仏のみ名をきくひとは、ながく不退にかなうなり。聞くというのも別に珍しいことを聞くのではない。南無阿弥陀仏を聞くのです。それには南無ということが大切です。南無阿弥陀仏といっても、阿弥陀仏というより南無の方が大切です。阿弥陀仏はこれまで向こうにあった。南無ということにおいて阿弥陀に助かった。自分が阿弥陀仏になる。南無がないと、助ける仏は阿弥陀仏。南無ということにおいて助かった自分が阿弥陀仏。

兵頭　南無がないと、衆生のはたらきにならないのですか。

安田　南無ということにおいて助ける仏が助かった私になる。助かった自分が阿弥陀仏。助かった自分のほかに助ける阿弥陀仏はない。それを摂取不捨という。

兵頭　南無がなかったら、阿弥陀仏のはたらきはできない。

安田　阿弥陀仏は実現です。南無は機です。機として阿弥陀仏の法が実現する。

兵頭　南無がなければ、衆生も仏になる道がない。衆生に向かって南無せしめられる、ということが出ておりますが、衆生の上に仏が法を行ずるという意味と違いますか。

安田　南無阿弥陀仏全体が行です。我をたのめと行じてくるわけです。勅命というのは、親鸞聖人が南無阿弥陀仏を解釈されたことです。親鸞聖人が南無阿弥陀仏において生きた声にふれられた親鸞聖人の体験です。

兵頭　その生きた声ということで、親鸞聖人が目覚められた。

安田　勅命として、生きた声にふれられた親鸞聖人の体験です。

兵頭　親鸞聖人でも、はじめは南無阿弥陀仏を向こうに眺めていられたのですか。

安田　六字の名号といって字は死んだものですが、死んだものに生きたものを感じられた。わずか六字。文字といえば死んだもの。声は生きたものです。生きたものを表わすのです。

兵頭　死んだところから、声は出ません。

安田　そうです。親鸞聖人の一つの感得でしょう。声なき声を聞かれた。

兵頭　名号というものがあるのに、声なき声ということは。

安田　名号というものがあるのだけれど、向こうにあった。自分の向こうにあったものを、そうでなく、名号の中に自分を発見した。それが声です。名号が自分を包んで来た。その声にふれたのが救いでしょう。お助けでないですか。

兵頭　声にふれられたのが信心。

安田　声にふれたのが、あなたの小賢しい分別を破って死して生きたのです。声というところで、文字を否定したわけではない。文字はもともと声を表わす。南無阿弥陀仏というのは本願の声です。声というところに、自分に関係してくる。南無阿弥陀仏の中に自分を

南無阿弥陀仏はすでにあるが、皆それに目覚めていない

分別すれば分別する自分と南無阿弥陀仏と二つある

発見する。声というものは自分を追いかけてくる。南無阿弥陀仏は皆が知っているが、声を聞くものはいない。南無阿弥陀仏はすでにあるが、皆それに目覚めていない。声というものが自己発見、時機到来です。南無阿弥陀仏の中に本当の自己を見出す。声というものは目を覚まさせるものです。南無阿弥陀仏の教えは、まず目を覚まして、仏に目覚めればそれはもう法です。目を塞いでいるのが妄想です。

兵頭　目覚めなければ、疑いが起こってもわからない。

安田　わからないというのではない。小賢しい心で信ずるから疑いをもつ。それは信ずるという形で疑っていることです。

兵頭　目的は信ずるつもりでも、疑っている。

安田　小賢しさというものは分別をする。南無阿弥陀仏を分別して南無阿弥陀仏そのものにならない。南無阿弥陀仏もはじめは分別する。南無阿弥陀仏のいわれを聞いて、そして信じて、助かろうと思う。分別すれば分別する自分と南無阿弥陀仏と二つある。しかしそうではない。自分が南無阿弥陀仏。自分の向こうに南無阿弥陀仏を分別するのではない。そこに、南無阿弥陀仏の中に自己が生まれてくる。声というのは生まれた力です。

兵頭　この自己の根元の声ということについて、私が得心したのは、我執の心ではなく、本願のお心がわかったいわば信心というものが、はじめて自己になるというように聞きましたが。

如来の呼び声といっても向こうから呼ばれるのではない。本当の自分の声

如来というのは本来の自己

安田 それはつまり、これまでは自分が自分だと思っていた。如来をほかに置いていた。自分を自分だと思って、如来をほかだと思っていたが、そうではない。如来といえば本当の自己だ。如来といって向こうに置くのではない。如来の呼び声といっても向こうから呼ばれるのではない。本当の自分の声です。

兵頭 それが法蔵菩薩の声でよいのですか。

安田 法蔵菩薩というけれども、それこそ本当の自己の声です。

兵頭 そういうものが生まれてくるように、そなわっているのですか。

安田 そういうことをいうと説明になる。自分と他と二つに分けるよりも、自分がこれまで自分と思っていたのは妄想で、本来の自分の呼び声にかえる。

兵頭 その心を阿頼耶というのと違いますか。

安田 如来[2]というのは本来の自己です。自分が本来の自己を失って、我執を自己だと思っていた。だから本来の自己にかえらしてもらう。勅命といっても本当の自己の声。如来といっても他人ではない。それが本当の自己の声です。

兵頭 そういうような自己というものがあるわけですか。

安田 これまでは、自己ではなかったのです。

兵頭 かえるというと、何か自分のことのように思いますが。

安田 かえるといっても、我執は外です。我執で外へまわって出ていたのです。

招喚

浄土は本当の自分の国

兵頭 そうすると、自己というものが自分のものらしいようにとられますが。

安田 それは我執を自己と思う立場から見れば、自己ではないものです。そこには、これまで自分と思っていたものが汝といわれるのです。我というのは、如来が本当の我です。招喚というのはそういうことです。外に連れていかれるのは招喚ではない。本当の自己にかえらして頂くのが招喚です。

兵頭 自己から出る声が招喚ですか。

安田 これまで我執を自己と思っていた。そういうものは汝です。そうではなしに、本来の声です。

兵頭 如来の声が本当の声ですか。

安田 そうです。我と思っていたのが汝である。汝と思っていたものが本当の我で、そういう転換がある。我と汝との転換がある。

兵頭 その転換が信の一念。

安田 信の一念でもよいが、勅命です。浄土を本国というでしょう。弥陀の本国。本当の自分の国です。われわれは行く行くといって仏の国へ行くように思ったが、自分の国です。

兵頭 自分の国を、本国。

安田 そういうのです。あなたは宇和島を本国と思っていたでしょう。弥陀の本国を四十八願ということがある。

われわれに先立って、如来が我となっておる

親鸞一人がため

兵頭　自己の根元の声を聞くという。

安田　かえって自己は自己ではない。如来が自己よりも本当の自己です。

兵頭　それは、私のために本願を起こして下されたから、そうなのですか。

安田　私のためというよりも、そういうふうに言い表わすのです。

兵頭　人のためにすると、都合が悪いように思われる。

安田　つまり、あなたがこれまで私と思っていたのは、小賢しい計らいを私と思っていた。これから探すといっても外へ探すのではない。探す自分が外におるのです。探す私よりもっと近く、探している私よりももっと私の所にあるのが、本願であり、私よりもっと近いのです。それがわれわれに先立って、如来が我となっておる。

兵頭　如来が我となるものは、法蔵菩薩よりないように思いますが。

安田　本願です。如来の心です。

兵頭　それが私のために。

安田　ためというけれども、親鸞一人がためということもある。けれども、親鸞一人がためというのは、我執の親鸞ではない。もしそうなら、如来は私のためだといって都合のよいように弁明するだけです。

兵頭　一切衆生に如来のお心がゆきわたっているのですか。

安田　その一切衆生とは私のことだという。それが信心です。一切衆生というのは皆のこ

一切衆生は私のこと

自分に引き受ける。それが信心

皆が死ぬのは話だが、自分が死ぬのは話ではない

とだと思うのは間違いであり、一切衆生は私のことである。わが身に引き受けて聞くのです。

兵頭　一切衆生とは自分一人ということですか。

安田　自分に引き受ける。それが信心です。本願は何もあなたのためということではない。一切衆生のためという広いお心です。けれども、その一切衆生は自分のことだと引き受けるのが信心です。わが身に引き受けて、という。

兵頭　一切衆生というと、やはり他人にかかっているように思われます。

安田　人類です。人類が一人です。一人一人が人類です。

兵頭　まだ、よくわからないのです。

安田　他人事として聞くからわからないのです。一切衆生といってもほかにあるのではない。一切衆生というお心を自分に感ずるのです。信心ということも自分に引き受けることです。自分に引き受けなかったら、それは話です。自分の問題になれば話ではない。皆が死ぬのは話であるが、自分が死ぬのは話ではない。本願でも何でも自分に関係したら話ではない。死んだらもう生まれられないのです。他人のことなら話でも、自分の問題になったら話にはならない。それは生きるか死ぬかです。

兵頭　私はやはり、人ごとのように考えていたのです。

安田　人ごとと思うのは、のんき者です。わがためといったときに生きてくる。如来ばか

阿闍世が悪逆を起こしたのも私のためであった

りではない。親鸞聖人もわがためです。阿闍世《あじゃせ》が悪逆を起こした。それが縁となって韋提《いだい》希夫人《けぶにん》が信を求められたが、それは昔話ではない。皆自分のために、阿闍世も自分のために、提婆達多《だいばだった》も自分のためにである。ご開山は提婆尊者といっておられる。王舎城の悲劇というものも親鸞のためであった。如来ばかりでなく、仏道というものは親鸞のためである。そこに、信仰の世界には自分一人が大切である。自分一人しかないのである。夫婦一緒に信仰を得るということはない。親子一緒ということもない。信仰の世界は一人です。だから親鸞一人がために本願を起こされたから、親鷺一人が引き受ける。本願を背負って立つ。本願に目覚めると共に、また本願を引き受ける。如来の本願を信ずれば、如来の本願に生きることです。

兵頭　そうすると、自分のものに引き受けたら、生きるということになるのですか。

安田　そうです。如来の本願を実践するから、如来のお心を行ずる身になることです。それを永い間自分のことばかり考えて、自分の都合ばかり考えていた。それは自分で如来を利用しようというエゴイズムです。

兵頭　利用しようということが。

安田　わがためのご本願だといっても、わがためのご本願を自分のために利用したら、我執です。親鸞一人がためということは我執ではなく信仰です。本願を引き受けた親鸞です。しかし、如来と我と二つあるあなたは駄目です。親鸞として法蔵菩薩が生まれた。前のあ

如来が我、我が如来となる。向こうに如来を置いて二つ考えるのは我執

なたは死ななければならない。そんなものをそのままにして、如来ということはない。二つあるのは疑いです。自分と如来と二つあって、如来は自分のためだということは疑いです。二つの心ではない。南無というのは二つを消すことです。二つあることを止めるのが南無です。如来が我となる。我が如来となるのです。向こうに如来を置いて二つ考えるのは我執です。あなたはこれまで二つ考えている。二つ考えたら、どんなに如来のお慈悲ということを言ってもそれは話です。この我というものが死ななければならない。我を捨てて本願に生きる。如来が我となって下さるから、我は死んで如来に生きる。

兵頭　自分というものに取り合わないということが、自分が死ぬということになるのですか。

安田　自分の心を頼らないということです。たとえて言えば、世間虚仮《せけんこけ》ということがある。念仏のみぞまことにておわします。自分の計らいを永い間信用してきたのであるが、自分の心は臨終一念まで妄想が起こるけれど、その心を相手にしない。

兵頭　これは仏法についてですか。世間一般についても言われることですか。

安田　まず、仏法についてです。あなたはどういうのですか。

兵頭　世間の問題がそのまま仏法の中で解けるものか、解けないものかということが、自分は案じられます。

安田　そうではない。世間も仏法も、自分で考えていたのです。

向こうに勅命があって自分が従うというのは、我執

呼びかけが聞こえたこと、それが従ったこと

兵頭　そうです。いままでそういうふうに考えていたことは、我執ということになるのですか。我執のほかにないとすれば、自分の考える道がないように思いますが。

安田　そうです。自分の考えというものは自分を救わないのです。自分の考えのために苦しんでいたのですから、自分に死するという。自分を立てていて、他力をたのむのではない。自分と他力と二つあって、自分が他力をたのむと思うが、そうではない。自分を捨てて他力に帰する。別に他所へ行くわけではない。自分と思っていたものは自分ではない。

兵頭　それは相手にする値打ちはないのですが、そこには本願に従っていくということが、勅命に従っていくということですか。

安田　勅命と従うと二つあるのではない。向こうに勅命があって自分が従うというのは、我執です。そうではない。勅命が従うである。勅命と自分があっては我執です。これは従わないものです。なぜなら、信ずる自分と信ぜられる如来とがあったら、信じられないのです。

兵頭　そうすると、一切が勅命になるのですか。

安田　そうです。勅命が来ている。来たことが従ったことです。

兵頭　それが呼びかけですか。

安田　呼びかけを聞いてから従うのではない。従えという呼びかけがそのまま従っているのです。呼びかけと従う心と二つあったら、従えないのです。呼びかけが聞こえたときに、

そのほかには何もないのです。それが従ったことです。頭が下がったことです。下げたのではない。二つあると必ず下げる自分がある。しかしそれは下がらないのです。そしてあなたの質問は二つある。如来と自分と二つにすると話は複雑になる。不二です。仏法は不二の法門です。

兵頭 不二のように扱うのですが、そうならないのです。

安田 二つある間は、勅命といっても話です。だから従えない。いまのままではあなたが従うようにはできない。できないから、できるようにしても、できない。だから、できないと投げ出す。そこにあやまり果てるのです。投げ出したのが勅命です。できないままに投げ出すのです。

兵頭 そうです。できそうにない。

安田 だから、できないと投げ出したのができたのです。できないものだと投げ出す。それができたことです。それが勅命が徹底したことです。できないから、何とかして話を聞いて納得して、できるようになってできるのではない。いつまでたってもできないのです。できないままです。

兵頭 いつまでやってもできないということは、投げ出すよりほかにない。

安田 つまり、できないと見ているのは、できる心が見ている。

兵頭 そうです。

仏法は不二の法門

勅命に従うことができない、と投げ出したのが勅命

できないと投げ出したのができたこと

投げ出せば、一切そこに解決する

安田　それは妄想でしょう。できないままで投げ出す。それができたことです。
兵頭　投げ出すというところは、本願の心が動かないとできないのですか。
安田　それは説明です。それならばいつまでも待っているか、できませんと投げ出すか。それが本願が来ている証拠です。
兵頭　いつまでたってもできません。
安田　できないという自分があっては駄目です。できないままということは懺悔です。いつまでたってもできないと、のんきに構えているのは、それは我執です。
兵頭　そうです。できないままで放って置いても成就しません。
安田　そういうのんきな話をしていては駄目です。投げ出したらよいのです。
兵頭　もう自分の心に愛想がついているのです。
安田　つきたのだと愚痴をこぼしている自分は我慢でしょう。それはやせ我慢です。そこまで見透かされている。投げ出すより仕方がないものです。本願を向こうに置くのではないのです。投げ出したのが本願です。二つをやめたことです。たのむとたのめと一つです。如来が我になったのが南無です。如来を向こうに置いていていては話です。投げ出すということだけが残っている。投げ出せば、一切そこに解決する。
兵頭　心に承知してわかったように思っておりますが。
安田　その、わかろうとする心がいけないのです。如来が我にならずに、わかるということ

わかるわからないというその心を捨てたところに南無がある

とはないのです。如来がわかるということは、如来が実現したのです。もしいまのあなたにわかったら、それは話になってしまう。あなたがますます我見を固めるだけです。だから、わかって助かるのではない。わからなくて無茶苦茶で助かるのでもない。わかるとか、わからないは分別です。わかるわからないということは、どうでもよいことです。それで南無があるのです。南無というのは、わかるわからないというその心を捨てたところに南無がある。あるいは捨てて帰する。帰する前に捨てねばならないと思うが、南無阿弥陀仏が与えられるときに、廃《すた》るのです。馬鹿なことだったと廃るのです。捨てる場合は、捨てるのに力が入る。捨ててからと思うのです。そうではなく、捨てられないと投げ出すのです。

兵頭　捨てられないと投げ出したままでは、本願に乗れそうにないのですが。

安田　乗るような心では乗れません。捨ててから後で乗るのではない。捨てる心が乗るのです。なぜなら、捨てる心が南無です。南無阿弥陀仏の中です。あなたには、捨てるといえば、やけくそに見えるのですか。

兵頭　そうも思いません。

安田　やけくそに見えないならば、それは懺悔です。それは南無でしょう。やけくそは分別です。南無阿弥陀仏の中に投げ出す。投げ出す前に向こうから来ている。南無せよです。

兵頭　南無阿弥陀仏の中に投げ出す。

自分を頼っていた心を転じて南無を頼る

わかるわからないは仏法のほか

安田　投げ出すということは、南無に任せることです。何もないところにどこへでも行けということは南無阿弥陀仏のほかにいたことです。その立場を捨てて南無に帰する。それを投げ出すという。投げ出したところに南無阿弥陀仏は実現する。摂取不捨です。

兵頭　むずかしいところがあるように思います。

安田　南無阿弥陀仏は何も難しいことはない。あなたの心が難しいのです。これは道理です。たとえて言えば、あなたに、わけがわからないことを言って、あなたをだますのではない。あなたは頭がよいようで悪いのです。

兵頭　自分でよいと思いません。わかりが悪くてわからないのです。

安田　南無阿弥陀仏というのは、菩薩のように賢い人も、どんな愚かな人もうなずくことができる。それが南無阿弥陀仏です。学問せよということではない。南無阿弥陀仏は学問のある人もうなずくし、ない人もうなずく。日頃の心を捨てるといっても、転ずるのです。自分を頼っていた心を転じて南無を頼る。

兵頭　その南無が自分にはわからない。どういう意味になりますか。

安田　それはわからない。転じない限りわからない。わかるということがあるかも知れないけれど、わかったのは南無ではないのです。わかるわからないは仏法のほかです。頭だから行にならない。

兵頭　その南無は、招喚になりますか。

南無というのは、招喚の呼び声

できない自覚が呼び声

妄想だとわかったことは投げ出したこと

安田　そうです。南無というのは、招喚の呼び声です。

兵頭　それならわからなければ、そのほかの仕事はできないのです。

安田　そのできない自覚が呼び声です。われわれは何もできないというのが、それが呼び声です。あなたは何でも話にする。口の下から二つにわけて聞くのです。

兵頭　そうです。

安田　ほかのことができないというのが呼び声です。ほかのことができるから、呼び声を聞くのではない。ほかのことができないということが、それが呼び声にふれることです。呼び声にふれたということと呼び声に任せたこととは一つです。自力無効ということを知らせて頂いた。それが呼び声に従うこと。それがお助けです。あなたは、自分がどうにもならないものだということと、どうにかなりたいということと、それを妄想だと投げ出す。妄想だとわかったことと投げ出すことと二つあるのではない。わかったことが投げ出したこと。わかりつつ投げ出さないということは、自分の妄想です。自分が妄想をもっているのではない。妄想が自分です。もっているものと、もたれているものと二つ考えることが妄想です。

兵頭　もっていてもいなくても、妄想が間に合わないものとしても、替りが欲しい気がします。

安田　替りも妄想じゃないですか。これが駄目だからあれが欲しい。そう考えるのが妄想じゃないですか。

兵頭 考えている妄想というものは、置くこともつこともならない。

安田 投げ出せないこともわかっているのではないか。妄想とわかったことは投げ出したことではないか。

兵頭 妄想ということがわかりましても、替りを取るということが。

安田 替りを欲しがることが妄想です。そう思うその自分が妄想です。

兵頭 どうにもならない、ということが妄想。これを本願に任せるのですか。

安田 任せるということも妄想です。

兵頭 ここの立場も妄想で。

安田 立場のないということを言っているのも、妄想です。

兵頭 この自分の妄想というものは、どうも動かないように思いますが。

安田 動かそうというのが妄想です。

兵頭 妄想はどうにもならない、ということを聞かしてもらっておりますが。

安田 そういう、聞かしてもらっているということが妄想です。あなたは妄想で話にしてしまう。その妄想から逃げ出すのです。あなたの話は全部、妄想の中の話じゃないですか。

兵頭 妄想はよくないから、逃げようという気がする。

安田 そう言ってうしろへ逃げていく。それが妄想です。

妄想が妄想と知られるということは、仏の智恵に照らされたこと

兵頭 どうにもならないものでしょう。

安田 どうにかしよう、というのが妄想です。

兵頭 どうにもならないままでは、いけないでしょうか。

安田 のんきな話です。一服しているだけです。妄想だということも仏の智恵です。あなたの智恵で考えているから妄想です。妄想が妄想だとわかるはずがない。妄想だというのは仏の智恵です。あなたは妄想だと考えているが、あなた自身が妄想です、妄想と知るのは仏自身よりないのです。それが、仏に照らされているのです。あなたは自分で照らしているが、それが妄想です。妄想が妄想と知られるということは、仏の智恵に照らされたことです。あなたは眺めている。眺めているということは一服していること。百年一服している。

兵頭 自分が妄想だということは、理屈で考えています。

安田 理屈ではないけれども、妄想だと言われるのが嫌いだから、理屈にしてしまう。理屈にしてしまうのは、それは事実でしょう。

兵頭 妄想というものだと覚悟していますけれども、自分自身が取り替えるものがないのです。

安田 それは探しておられるのに逃げているのです。

兵頭 この妄想がどうすることもならないようになったのですが。

なぜ南無になれないのか?

安田　どうにもならないというのは、どうする必要もないのです。あなた自身が無理なことを言っている。南無阿弥陀仏は何も無理なことを言っていない。妄想だとあやまればよい。あなたが自分で無理している。どうする必要もない。南無でよいのです。

兵頭　この妄想のままで、南無になれないでしょうか。

安田　そういう具合に妄想だと眺めているから、なれないのです。

兵頭　これは自分には、何ともわからないのです。

安田　わからないようにするのです。

兵頭　妄想と思いますが、自分の思っている自分をどうすることもできない。それが自分の正体だと覚悟している。

安田　妄想だからどうすることもできないと我執を立てている。どうすることもならないと困り果てているが、それが我執です。だから自分ではない。これが妄想です。あなたがものを言っている我が妄想です。

兵頭　この妄想はどうすることもできないように思われる。

安田　正体が我です。それを眺めている自分がある。のんきなものではないですか。

兵頭　のんきなということもわからないほど、このしようのないという。

安田　しようのないものは、どうする必要もないものです。あやまり果てるよりしようがない。

あやまり果てるのが、南無

理知でわかろうとする。その理知があっては南無はできない

兵頭　ここに南無があるということもわからない。

安田　あやまり果てるのが、南無です。

兵頭　この心のあやまるのが南無ですか。

安田　そうです。力がないのです。がんばるのが我執だったと投げ出す。あなたの苦しんでいることが、南無のご催促です。もがいてもどうすることもできないという自分は、どうかしようという心です。どうかなるならどうかしたい。

兵頭　これはどうすることもならないものだ、と覚悟しているのですが、どうかしようという心のあせりはないのですが、どうかしたい。

安田　そのどうかしたいが、どうにもならないと眺めている心が我執です。

兵頭　眺めていたいこともないのですが。

安田　それを捨てたいのですが捨てられない。わかったと分別しているのが我執です。理知です。如来であろうが理知でわからないと承知しない。わかるのも南無するのも、理知でわかろうとする。その理知があっては南無はできない。眺めているのも眺められているのも我執全体です。全体になったときは投げ出している。二つあるときは投げ出していない。妄想だというのは、妄想だと見ているのも自分です。ただ妄想がわかった覚悟しているというのも、二つあるから分別です。それは痛くも痒くもないでしょう。妄想ですから傍観者です。のんきというのは、そういうことをいうのです。それほど自分というものは

我執は投げ出せないが、投げ出せるとあなたは考えている

冷酷無慈悲なものです。二つあるのですから、眺めているのも我執だ、全体が我執だ、と眺めている。全体だとなったときは投げ出している。あなたは二つになる。二つになったときは、投げ出したのではない。投げ出せないものになったとき、一つです。投げ出すことも、あなたは我執でしたいのです。

兵頭 我執は投げ出せない。そうならないのですか。

安田 本当に投げ出せないが、投げ出せるとあなたは考えているのです。

兵頭 投げ出せそうにもないです。

安田 そう思っているのは、投げ出していないのです。

兵頭 私はどうも投げ出せないのです。投げ出せないものならもっていても。

安田 投げ出す力を、あなたは求めている。

兵頭 それほどにも思いませんが、自分にもはっきりわかりません。

安田 それはありはしないのです。ないにもかかわらず自分は掴んでいる。自分、自分といってもそんなものはありはしないのです。それで妄想という。ただ固執しておるだけです。そういうものがあったなら、南無はできないのです。南無するのは我執ではない。

兵頭 あったらできないとすると、なくすることもできない。

安田 なくすることもできないというのが、なくなった証拠です。

兵頭 どうすることもならないといって、どちらもできない。この我執というのは、我執

無明・我執

われが執だということがわかったのは、無明が晴れた証拠

のままで自由にもできないのですか。何のために執着しているのか自分にもわからない。

安田　それは無明です。我があるものならば執は因。我といっても何も我があるのではない。執着です。無明があるからです。仏の智恵がわからない間は皆無明。仏の智恵でない限り皆我執です。われが執だと思わないのです。われが執だということがわかったのは、無明が破れた証拠です。煩悩の雲霧におおわれている。わかったときは、夜が明けた証拠です。われが執だとわかったのは、無明が晴れた証拠です。それまでは、われが執だとわからないのです。我執というのは、ないものをあると思っている。

兵頭　それで、迷いというのですか。

安田　そうです。迷っているから、われと執する。われがないのにわれがあると思う。それは独り相撲です。迷った心が迷ったものを造り出して迷っている。堂々巡りです。われがあってそれと戦っているならば、相撲になるが、独り相撲で自分の心に自分が苦しんでいる。それが妄想です。妄想を超えるのは、妄想を知ることだけです。あなたが知ったというのは、妄想の心で知っているのです。

兵頭　妄想よりほかにはないものだと。

安田　ないものだと思うその心こそ、妄想です。知る自分も妄想だということは、それは仏の智恵です。仏の智恵を賜わって妄想だと知らされるのです。

兵頭　妄想から抜けなければ、仏の智恵は頂けないのですか。

妄想がわかるということは、われわれの中に仏智が入り満ちたこと

安田　それは同時です。自分の智恵で妄想だと知ったならば、それは自分の智恵が妄想なのです。それは太陽が出て夜が明ける。夜が明けて太陽が出るのではない。妄想と如来の智恵とが戦うのではない。光が出れば闇は消える。闇と光は質が違うのです。戦うものではない。妄想は満足して消える。その妄想が力をもっているのは、妄想がわからないからです。

兵頭　光に遇わないから。

安田　あなたは、光が出て妄想とわかるように思うが、妄想とわかるのは光の出た証拠です。あなたはこわされる妄想とこわす光と二つ考えて、光の力で妄想を払うと思うが、妄想とわかったときが光です。

兵頭　自分の現在の心は妄想と、聞いておりますが、聞いているままで、どうもわかりません。

安田　妄想がわからないから、どうにもならないのです。わかればどうする必要もないのです。妄想だからどうにもならないと思っているのは、妄想を見ているものを妄想と思わないからです。南無阿弥陀仏が血となり肉となるという。われわれの中に流れ入る結果として妄想を破らせてもらう。妄想がわかるということは、われわれの中に仏智が入り満ちたことです。あなたの話は如来といっても妄想といっても、分別で二つに分ける心が、全部話にするのです。二つにする心を固執している。それが強靭な無始以来の我執です。あ

二つに分ける心がある限り、百年聞いてもわからない

分別

自分の心を自分で捨てられるなら、仏道はいらない

なたが複雑にするから、話を聞けば聞くほど複雑になる。わからないのは話の聞き方が足りないと思いがちだが、そうではない。二つに分ける心がある限り、それは百年聞いてもわからない。

兵頭 自分自身が自分を見るような心があるのは、どうすることもしようがないことではないでしょうか。

安田 それは分別の構造です。分別ということは、何ほど逆らってもどうすることもできない。あなたは分別の上で自力無効を知り、他力をたのむ。そして分別で南無阿弥陀仏する。分別の止んだのが南無ですが、あなたは南無を分別する。分別する心は妄想だと南無するのですが、それをまたあなたは分別する。

兵頭 どうするといっても、自分の心が自分でどうにもなりません。

安田 自分の心をどうかしようということが、我執でないですか。

兵頭 捨てることもしない。

安田 自分の心を自分で捨てられるならば、仏道はいらないのです。分別は捨てられないし分別は間に合わない。分別を頼るな、そのために南無阿弥陀仏が与えられてある。

兵頭 頼っているようにも思いませんが。

安田 捨てられないのは固執しているからです。

兵頭 自分にはわからないような気がします。二つあるのも二つとも思いませんが、話を

回心懺悔して心を転ずる

南無したことが信心を賜わったこと

するとそうなっている。

安田　心というものは、あなたの心だけではなく誰の心もそうです。それで心を転ずるという。あなたは心を転じなくて、その上に本願を頂こうとするからわからない。考えないようにして阿呆になることではない。転ずるという方向転換。投げ出すというのも方向転換です。間に合わない自分に固執していたと、回心懺悔して心を転ずるのです。何でもないことです。

兵頭　これから後、利用することのないようになればよいのですか。

安田　そのときは大きな転換がある。仏の心で生きるのです。南無によって仏の心を賜わり、仏の心で生きれば全部が南無阿弥陀仏です。しかしあなたの心で生きれば全部が穢土です。

兵頭　如来の心を賜わるというのは、別に賜わるというわけではないのですか。

安田　南無したということが賜わった。南無として信心を賜わったのです。自分の心をひるがえしたということは、如来の心に生きたのです。如来の心に目を覚ましたことです。南無阿弥陀仏の心に目を覚ました。それは、如来の心を賜わってみれば楽な話です。力を入れて独り相撲をとっていたのですから、自分ほど愚かなものはなかったと感じられる。賢い愚かさです。二つに分けることは人間の小賢しいことで、仏から見れば阿呆なことです。

兵頭　どこからみても、阿呆なことは阿呆なことです。

無始以来の妄想

安田　夢の中の話です。相手にしないといっても、両方が並んでいてはいけない。われと思っていたのは夢の心です。夢の中で夢と知ることはできない。我執だとわかったのは覚めた心です。我執は夢です。我執だと思っても、どうにもならないというのは、夢の中の妄想です。

兵頭　この夢が覚めることはないのですか。

安田　楽しい夢ならば百年でも見ている。しかし、夢から覚めたいというのは招喚に揺り動かされている。呼ばれているから苦しんでいる。自分で覚めたいというのは嘘で、本当は覚めたくないのです。

兵頭　覚めさせないものがあるのです。

安田　そうです。それが妄想です。自分というものは、これは煩悩の仕業です。自分のほかに覚めさせないものがあるのではない。妄想が覚めさせないのです。覚めたいというのは、如来の心です。覚めさせないようにしているのは自分の心です。自分という考えが覚めさせない。

兵頭　自分が二つになるのは、決してなりたいとは思いません。

安田　無始以来の妄想です。無明におおわれた心は必ず二つに考える。一つが本当です。本来一つです。それを二つにしているだけです。本来二つであるものを一つにするならば、それは無理です。本来一つであるのにそれを二つにするのが妄想です。不二の中にあって、妄想のために二つにする。二つにするとわかれば、それが一つにかえったことである。二つが二つだとわかれば、一つにかえっている。一つにかえったのが南無です。二つが二つだとわからせてもらえば、妄想を消す必要はない。妄想とわかることと、妄想が消えることとは一つです。

兵頭　これは無始以来いままでもち続けてきた。

安田　妄想とわかることと、妄想が消えることとは同時です。夢だとわかることと、夢から覚めたことと同時です。超えられなくて超える、捨てられなくて捨てる。しかしあなたは、捨てるのも、捨てられるものを捨てて、捨てたと言おうとする。そして、捨てられないものを何とか他の力で捨てようとするが、そうではない。捨てられないと廃るのです。それを自覚というのです。捨てられないものを何かの力で捨てるのは神秘主義です。

兵頭　そういう方法があるわけではないということは、知っています。そういう方法はないでしょう。

安田　ないけれども迷信が出てくる。捨てられないものを他力で捨てようとする。捨てられないものを、本願の力で捨てようとする。

兵頭　本願の力で捨てられるものもあるかないかわからないのですが、捨てられないと目覚めるということ、それよりほかに道はないのですか。

安田　捨てられない、と自覚しても捨てられないのが分別です。分別しているだけです。

本来一つであるのに二つにするのが妄想。二つが二つだとわかれば、一つにかえっている

妄想とわかることと、妄想が消えることとは同時

捨てられないものを何かの力で捨てるのは神秘主義

迷信

懺悔したら、捨てられないという自覚において捨てられている

分別する自分が逃げている。

兵頭　分別が嫌いになったから逃げている。

安田　その逃げていることこそ、分別です。

兵頭　逃げるとも思いませんが。

安田　自分の心ほど狡《ずる》いものはない。その自分の心をこれまで頼ってきた。それが間に合わないということを仏法で知らして頂く。

兵頭　聞かして頂いても、そういうところに逃げようとする。

安田　それは聞かしてもらったというのではない。聞いても逃げるのです。聞かしてもらってうなずくのではない。聞かしてもらってそれを領解するというのではない。聞こえたままで解決している。聞いたままが領解です。

兵頭　そこに黙ってものを言わないと、萎縮して固くなるように思いますが。

安田　その固くなっていることを聞かしてもらうのです。固くはならない。

兵頭　恐いものです。

安田　その恐いということを聞かしてもらう。仏の智恵にかなうものはない。あなたの力よりも仏の力は強いから、あなたがどれほど固くなっても、固くなったものを照らして下さる。そのままを放り出すようにして下さる。捨てる必要がない。捨てられないと教えてもらうのです。捨てられないということが懺悔です。懺悔したならば、捨てられないとい

う自覚において捨てられている。回心懺悔です。懺悔ということが如来の回向の心です。

兵頭　お言葉の中にも、水よく石をうがつということをお聞かせにあずかりますが、この石のように固い心の自分を、本願から見抜いて私のためにご苦労下されるのと違いますか。

安田　そのご苦労ということも、見抜いたということも自覚でしょう。別にそういうことがあるわけではないのです。ご苦労であったと、それが自覚です。それが水に石が砕かれたのです。

兵頭　自分は石だと思って、どこかに水を待っているのと違いますか。自分に待つ気持ちはないのですが。

安田　石は砕かれないものだ、と知らされるのも、それが砕かれたからです。あなたは、石のような心である。如来が水のようにそれを砕いて下さると待っている。水と石と二つ考えている。しかし石のように砕けないものだ、とあやまったのが自覚です。砕けるものを砕くのではない。砕けないままが砕かれた。あなたは砕けないものと考えている。砕けないものは如来の心です。あなたの心ではない。どうにもこうにもならないものだというのは、如来の心です。あなたの心ですからいつまでも懺悔ができない。それが如来の痛みです。あなたはただ眺めているだけです。本当に石を悲しむ心は、如来の痛みです。

兵頭　そうです。自分の痛む心ではない。

安田　あなたは自分で考えている。どうにもならないということも、自分で考えている。

如来の心は感動。
自覚というのは感動

あなたは動かない

どうにもならないというのは、如来の痛みです。あなたはそれを尻に敷いている。あなたを痛んでいるのは如来です。あなたは逃げているだけです。

兵頭　そうです。逃げている。

安田　逃げないのが如来です。

兵頭　そこに如来もご苦労下さるが、私は逃げている。

安田　あなたの心には感動ということがない。如来の心は感動です。あなたは分別です。ああそうであったか、と感動する心はないでしょう。いつでも分別してしまう。それは理知です。自覚というのは感動なのです。あなたは逃げているけれども、如来は逃げないのです。

兵頭　どうも、私も申しわけないのですが、また明日思索するというより言いようがないのです。

安田　あなたには思索する余地がないのです。

兵頭　自分でも、一分の道理がわからないでもありませんが、どちらにも動けないようになっています。

安田　動けないのではなくて、あなたは動かないのです。動きたい心はあるが、動かない自分がある。

兵頭　動けないのです。

自分では、百年たっても裸になれない

安田 いや、動かないのです。

兵頭 動かないのでしょうか。

安田 如来の心だけが動いているのです。

兵頭 自分には、これまで如来の心がはたらいていて下さるのですか。

安田 如来は自由自在に動いているのです。苦しいから動きたいが、また動かないようにするのはあなたの我執です。

兵頭 自分の心でありながら、自分で憎む。しようのないものです。

安田 しようがないということは、去年でわかっているのです。

兵頭 去年でわかっていても、やはり動いていない。

安田 百年たっても動いてはいないのです。動かそうというのが、あなたの自力です。感動がない限り、動かないのです。

兵頭 この感動というものは、自然に起こってくるものではないのですか。

安田 そうではない。裸の心になって本来にかえる心からです。

兵頭 自分はなかなか裸になれません。

安田 自分では、百年たってもなれないものです。

兵頭 けれども、これは時を待つというようなものではないでしょうか。自分は何一つ役に立つものはない、と覚悟はしていても裸になれないのです。

物ならば捨てられるけれども、執着は捨てられない

安田 その、裸になれないのが自力です。

兵頭 凡夫というものに、役に立つものはない。

安田 苦労したものならば、成就しないということはわかる。しかし、それが捨てられない。それを我執というのです。執着です。

兵頭 自分で承知しています。

安田 承知していて捨てないのです。水に溺れた人間は、わら一本でも掴んで放さない。それを妄想というのです。

兵頭 恐ろしいものをもっているものです。自分自身でも捨てたいのですが、捨てられない。

安田 それがいま言ったように、妄想が捨てさせない。

兵頭 理屈に合わないけれども、しようがないといっても、捨てられない。

安田 それは物ならば捨てられるけれども、執着は捨てられない。物は駄目だと思っても、物をもっている自分は捨てない。何もかも間に合わないけれども、自分だけは間に合わなくても捨てない。それを我執という。自分の智恵は間に合わないけれども、自分は捨てない。それが我執です。あなたは我という立場から、一歩も動かない。我がもっているものは駄目だと知らされても、我は捨てない。回心懺悔です。あなたは懺悔したことはないでしょう。傲慢不遜《ごうまんふそん》ではないですか。懺悔せずに助かろうというのは、厚かましいでしょう。

兵頭　懺悔というものはできないものと。

安田　覚悟している自分を懺悔しなければならない。

兵頭　懺悔したことがないのです。できないのでしょうか。

安田　それは知りません。厚かましいというより仕方がありません。

兵頭　どうして懺悔できないのか。

親鸞の懺悔できないという懺悔

安田　親鸞聖人でも、懺悔できない、と懺悔しておられる。そこには懺悔できないという懺悔があります。

兵頭　懺悔ができないというのは、できないというよりほかに言いようがないのです。言いようがないままが、どうにもならないことですか。

安田　どうにもならない、ということが結論です。

兵頭　どうにもならないとすれば、罪が消えるもとはないことになりますが。

安田　ないです。

兵頭　地獄に向かっていくよりほかにないのですか。人間にゆずれない問題です。

安田　それはそうです。

兵頭　そのままで、地獄に堕ちていこうという気にはなれません。

地獄に堕ちる気にならない人間だけが地獄に堕ちる

安田　なれなくても、なるよりしようがない。地獄に堕ちる気にならない人間だけが地獄に堕ちるのです。我執が地獄に堕ちなくて、誰が堕ちますか。

どこかに地獄があるわけではない。我執が地獄を造っている

我執は他力を利用するだけで、頂かない

兵頭 我執は、結局は自力と一つ心でしょう。

安田 自力をたのむ心です。それが一番先に地獄に行かなければならない。地獄へ行くというより、それが地獄を造っている。地獄のもとです。どこかに地獄があるわけではない。我執が地獄を造っている。

兵頭 我執が地獄を造っているのですか。

安田 地獄よりもっと恐ろしい。信心は地獄を恐れてはいない。

兵頭 仏道を成就する他力の本願を頂いてみても成就ができないのです。

安田 頂かないのです。

兵頭 頂けない。

安田 頂かないのです。我執は他力を利用するだけで、頂かないのです。

兵頭 道があれば、やってみますが、自分にかなう道がない。

安田 その我執というのを死骸と言っている。本願には死骸は宿さない、と言ってある。海は死骸を波で打ち上げるでしょう。

兵頭 そうです。海の底に死骸は止めておきません。

安田 我執は、言ってみれば死骸です。しかし本願の海に死骸は宿さない。

兵頭 こういう執着をもっていたために、この歳になるまで嘘にも信心を頂いたことがない。嘘にも喜んでみたことがない。

人間というものは、自分がわからない

呼びかけの声

安田　そうです。我執というものは感激しない心です。感激する心は如来の心です。それが仏法に遇って出てきたわけです。あなたの分別も、聞いてこられたから、内にかくれていたものが暴き出されてきたわけです。

兵頭　仏法を聴聞させてもらっておりますが、恐ろしい心をもっているものです。世間のことでは、間違えたら腹が立つ性分です。仏法のことでは、こうして何が何やらわからないのです。

安田　人間というものは、自分がわからないのです。自分以外のことは皆わかるが、自分がわからない。自分がわかるのは自覚しかありません。あなたには自覚ということがない。分別ということだけがある。自分以外には分別が役に立つが、自分を知るには自覚よりないのです。自分以外のもので考えて自分をわかろうとする。世間では賢い人でしょうが、仏法では愚者です。

兵頭　いや、世間のことも早い方ではありません。ただ執着が強いのです。

【二】

兵頭　呼びかけの声というのは仏の声でしょうけれども、やはり人間の言葉を通さなければ通じないでしょうか。

安田　これこそ言葉なき言葉、声なき声でしょう。妄想では苦しむ。苦しむということが

妄想を破って現実の自己にかえらせるはたらき

妄想だということを説明している。何が苦しむかというと我執の心が苦しむ。それがこれまでの全部が妄想であったと気がつけば、妄想でないものが見えてくる。つまり妄想が破れて現実にかえってくる。妄想を破って現実にかえらせるもの、それが呼びかけです。妄想を破って現実に呼び返す。われわれがなるほどそうだったとうなずけたのが、呼びかけです。長い間現実にかえれなかったのが、妄想が晴れた。現実にかえれた。それが仏のはたらきです。本願の呼びかけといっても現実にある。妄想を破って現実の自己にかえらせるはたらきです。

兵頭 それが呼びかけということですか。

安田 それが呼びかけの事実です。話ではない。そこに生きた南無阿弥陀仏がある。

兵頭 呼びかけというのは、そういうものですか。

安田 呼びかけの話では困るでしょう。はじめは呼びかけられたといっても、呼びかけられたとは思わないから、苦しいといっているが、妄想が覚めればああ呼びかけであったかと。呼びかけは事実です。長い間妄想ばかりで、本願までも妄想にしていた者が、それが全部妄想であったと妄想を破る。夢から覚ますという。夢から覚まして宿業の身に帰す。宿業の身に帰すのは本願です。本願の中にある自分です。それが現実。現実の自分にかえればそこに本願がある。そこに南無が成り立つ。長い間本願の中にいながら自分をたのんでいた。そこに回心懺悔ということがある。そういう心が南無です。回心懺悔の心です。

妄想のままでは南無はできない。妄想が破れるところが南無の機になる。宿業の凡夫が南無するそのときに、本願に呼びかけるのですが、応えるのも本願です。

兵頭　本願のままではなく、衆生の上に応えるのも本願ですか。

安田　機になっているのです。応える自分が機です。だから応えるといっても妄想が応えるのではない。これまでは妄想を自分だと思っていた。それだから自分をたのんでいた。妄想はたのむべきではない。妄想を破って名乗った。応えるということは名乗ったことです。しかしこれは理屈がわかったという意味ではない。夢から覚めたというわかりかたです。理屈がわかり、意味がわかるということではない。事実がわかるということです。理屈などわかっても、わからなくてもいいのです。

兵頭　理屈では結果が成就しない。

安田　だから、応えるところに呼びかけが成就している。破れて、われわれの頭の下がったことが本願成就です。

兵頭　やはり南無の機にならないと。

安田　そうです。南無の機にならないと成就しない。宿業の自分というところに、暗い我執の心が破れると、明るい宿業の身になる。宿業のままに無碍《むげ》である。これは何でもそうでしょう。自分の計らいの夢から覚めてみれば、一人一人の人間が宿業でこうなっている。そういう点を、宿業も束縛されている我執の心で見れば、束縛されていることが不平でも

もがきが消えた心で見れば、束縛されたままで自由

我執が苦しいということが、如来からいえば、ご催促の呼びかけ

がくわけです。しかしそれも、もがきが消えた心で見れば、束縛されたままで自由なのです。不平と不満がある心ではすべてが苦しいのですが、不平不満のない心では何も苦しいことはない。だから死ぬも生きるも宿業であるが、自分の思いどおりにはならないけれども、思いどおりにしようとすると苦しいが、業を果たさせてもらうことになると自由です。本願から生まれて本願にかえる。

兵頭　衆生は本願から生まれるという。ほかから入ったものでなければ衆生の中にもないものですか。ほかから十方の衆生に入り満ちているということが、もとになりますか。

安田　それは事実ですから、そうです。妄想があれば自分もわからないし、如来もわからない。妄想が晴れた本当の自分があるところに、本当の如来がある。話ではないものにふれる。話で聞いたものには疑問が起こるが、事実は不審の起こしようがない。これまで聞いていた南無阿弥陀仏が本当になる。

兵頭　そうです。南無阿弥陀仏が証拠になります。

安田　本当に南無阿弥陀仏が成就してくる。これまで聞いて何心なく教えられていたものが現実になる。事実になる。念仏のみぞまことにておわします。だから念仏を離れるのならば、妄想の自己・妄想の如来です。我執の苦しいということが、ある意味からいえば呼びかけのご催促です。あなたの心からいうと、我執が苦しいから逃げたいというように見えるけれども、本願の内からいうと、かえれということです。あなたは本願に気がつかな

衆生というものが如来のほかにあるのではない

いから、苦しみから逃げたい。内からいえば本願にかえれ。逃げたいということは妄想です。あなたの心では妄想で苦しみますが、如来からいえば、ご催促の呼びかけであったわけです。

兵頭　そういうことを招喚の勅命というのですか。

安田　そうです。呼びかけというのは一つの象徴ですが、向こうの方に声があるわけではない。それは生きた声です。

兵頭　自分の心の中から聞こえてくる、ということですか。

安田　いや、それはわかるということ。それが声です。事実です。人間だから宿業をもっている。宿業という形に現実がある。現実の業というとわからないようであるが、それは現実の自分ということです。あなたは宿業で八十年という生命をもっている。それは如来の生命で、宿業で八十年生きておられる。あらゆる衆生は皆自分の宿業を一如平等に、如来はいろいろ姿を変えさせている。

兵頭　衆生に現われるときには、宿業はそれぞれ個別になっておりますか。

安田　衆生というものが如来のほかにあるのではない。如来を衆生としているのです。

兵頭　如来の中に衆生が生かされていることですか。

安田　如来から見ればそうです。気がつかないあなたは、如来を衆生としている。気がつかなくても、衆生の業で流転しているといってもよい。あなたも如来を流転させている。

如来の流転があなた

形のない如来は業で形になり、業を果たしてもとへかえってゆく

兵頭　如来を流転させているのですか、もったいない。

安田　如来の流転があなたです。あなたの流転はあなたの流転ではない。如来を流転させている。それは宿業という形で流転させている。しかしそれが見えないのが妄想です。宿業にかえれば、凡夫のままが如来です。それに気がつくのが南無の信心です。

兵頭　凡夫が如来と言えるのですか。そのお心を思いますと、礼拝しなければおられません。

安田　宿業であなたは八十年の生命になっているが、如来の命には形がない。如というのは形のないのを如という。それで一日生きても永遠に生きている。宿業で形をとって八十年といっている。しかし、それは如来の命で八十年にしている。そういうことに気がつけば、八十年も永遠の生命にかえる。宿業によって出てきて、宿業を果たして永遠の生命にかえる。

兵頭　ここまで来て、はじめてかえるということがわかりました。

安田　本来の如来にかえるのです。実際にいうと、業のままで如来です。形のない如来は業で形になり、業を果たしてもとへかえってゆくのです。

兵頭　これに目覚めるところに、衆生の悪が転ずるのですか。

安田　悪人の悪、善人の善も平等です。善人も悪人も如来の生命です。善悪平等にかえってゆく。妄想であれば善は善、悪は悪なのです。如来にふれて善も悪も転ぜられる。大

大事なことは宿業のところに如来があるということ

凡夫にかえる

妄想が消えれば、如来は自分のところにある

事なことは宿業のところに如来があるということです。宿業になった如来を本願という。それが宿業を果たすから如来は光、光明です。本願に目覚めればあらゆるものが光明です。宿業が光輝く。それが宿業を超えたことになる。宿業に気がつくところに宿業を超える。妄想で宿業を憎めば宿業に溺れる。宿業がわかれば宿業を超える。宿業がわからないから、一層妄想で宿業を造ってゆく。とにかく凡夫にかえらせて頂くということが大事である。なぜなら、凡夫にかえるということと如来にかえるということとは同じだからです。

兵頭　凡夫にかえるということと同じですか。

安田　凡夫にかえれば、そのほかにもう一つ如来があるわけではない。

兵頭　如来というと、遠いところにあるように思います。

安田　妄想が消えれば、自分のところにある。

兵頭　そうすると、この目覚めるということが要になっていますか。

安田　そうです。事実に目覚める。それを真実の智恵という。これまでの理屈の智恵ではない。ああそうか、という智恵で、真実の智恵です。世間の智恵とは違います。夢から覚めて、ああそうであったかというのです。頭で描くものは分別です。そこに懺悔ということがあるのです。本当に讃嘆するということは南無です。本当の懺悔も南無です。南無が懺悔ならば、阿弥陀仏は讃嘆です。南無がはっきりすれば、一切が阿弥陀仏。南無は妄想の破れた心です。南無は仏の外では南無ではない。仏の中の南無阿弥陀仏です。仏の中の

無根の信

回向の信

如来が私となって私を救う

自分に気がついた。呼びかえさせられた。それが南無です。

兵頭　この南無というのは、きわまりのないお慈悲からですか。

安田　法の側から目覚まされた心が起きた。自分は妄想だけであるが、その覚める心がどうして起きたのかは、わからない。それで、それを無根の信という。根のない信です。

兵頭　それは聞いたことがありますが、根のない信心というのですか。

安田　自分には根のない信心が如来から起こった。あなたから出たのではない。夢から覚める心があなたに出た。夢からはその心は出ない。

兵頭　如来から賜わったという。

安田　その信を回向の信という。私ではない信が私に起きた。それが私になった如来です。如来が私となって私を救う。救うためには、そういうふうになることがなければ救えない。妄想が覚めれば救われている。

兵頭　妄想が覚めるのは、この呼びかけがあるおかげですか。

安田　後でそれに気がつく。苦しいということが妄想の証拠でしょう。そこに呼びかけが来ているのです。苦しいというのは妄想を造った心が苦しんでいるのだけれども、そこに妄想の行動の行き詰まりがある。妄想があなたに見えるようになった。苦しみがなければ妄想は見えない。しかしやがて、すべてのものは妄想が迷ったものだ、と見えてくる。妄想は嘘だということです。それに気がつけば、そこにあるものは、宿業のあなたである。

われわれの宿業になっている如来にかえる

向こうに何かを置いて、それをたのむのは欲

妄想でない自分にかえらないと如来には遇えない

宿業というものは、思えば思うほどあるものが宿業です。目が覚めてあるものが宿業です。だから、いままで妄想をたのんでいた心を振り捨てて、宿業である如来の心に立ちかえるのをたのむという。何も如来が向こうにいてたのむのではない。われわれの宿業になっている如来にかえる。そのかえるのを、たのむ。向こうに何かを置いて、それをたのむのは欲です。本来の自己にかえる。本来の如来に立ちかえるのです。

兵頭　自分の如来にかえる、といってもよいのですか。

安田　自分のといってよいのです。如来は他人ではない。本当の自己です。

兵頭　それが自己ですか。

安田　これまで長い間、我執を自己だと思ってきたでしょう。だから、本当の自己がわからなかった。本当の自己は宿業になっておられる如来です。

兵頭　自分の仕事は何一つ役に立たないと、聞かされていましたが、どうしてわれわれの心にそういう事実が必要なのですか。

安田　妄想が役に立たないということは、わかるけれども、妄想でない自分にかえらないと如来には遇えない。それが宿業になっている如来です。

兵頭　目が覚めたということが、宿業ということですか。

安田　宿業です。宿業は妄想でない如来。それは妄想の衆生ではない。本願の中にある自分です。だから他人の話ではない。他人が何といっても動かされない信心が成り立つ。向

向こうにある如来で助かることはない

往生の証拠

如来が自己になる

こうにある如来で助かるということはない。自分の中に自分を破って名乗ってくる如来です。

兵頭　如来というと、ほかを見るような気でいました。これで呼びかけというお言葉が大切と知りました。

安田　呼びかけは声なき声。南無阿弥陀仏とこれまでいっていたが、目が覚めてこれが南無阿弥陀仏かと、南無阿弥陀仏が教えとして現実となってくる。

兵頭　わが往生の証拠です。

安田　往生の証拠としてある。[3]如来の証拠としてある。自己の証拠としてある。本願成就の自分の証拠です。如来が自分として成就している証拠です。南無の方は如来が自分として成就した。阿弥陀仏は自己が如来として成就した。如来が自己となるところに自己は如来にかえる。

兵頭　自己というのは、如来が自己になるのですか。

安田　そうです。南無です。如来が自己になったから、自己が如来にかえる。こういうことはこれまで教えとして聞いていたが、いま現実になった。南無阿弥陀仏は声に出すよりもっと近いでしょう。

兵頭　そういう尊い南無阿弥陀仏とわかりませんでした。

安田　自分をたのんでいた。南無阿弥陀仏まで自分に利用しようとしていた。

南無阿弥陀仏というのは自覚

兵頭　そうです。何かに利用したいと思っていました。

安田　そうすると地獄にも行けるでしょう。これまでは地獄には行きたくなかったが、地獄でも行けるでしょう。

兵頭　そうです。

安田　南無の心には、石でも水になってしまう。石のように固いものでも水になってしまう。人と争わない心は、憎まれることがない。だから、南無の心には地獄も極楽になる。南無の心は私の心に成就した如来の心です。南無阿弥陀仏というのは自覚をいうのです。名号といえば、どこかにあるように思うが、なるほどそうであったかという自覚です。如来が自分になった。

兵頭　衆生の機になったときを自己というのですか。

安田　自分にならないものを信ずるわけにはいかない。まず何もかもわからなかった。自分がわからなかった。

兵頭　ここへ来るまでは何を言っても、言葉が話になってしまうのでわからない。事実がはたらいているから、生きて働かねば。

安田　そう、そう。

兵頭　有難うございました。

不生不死

安田　生まれたり死んだりするのは宿業です。如来は不生不死《ふしょうふし》。生死《しょうじ》というものは人間にある。人間は宿業で生死しているけれども、妄想我執のために生死している意味がわからない。だから生まれるのは否定しないけれども、死ぬのは否定する。生まれたら死なないようにという、それが妄想です。生死しているのは宿業だけれども、それを妄想で解釈する。生死しているけれども生死を自覚する。自覚されたのを南無阿弥陀仏。そうすると生のまま不生、不生の生、不死の死ということになる。

兵頭　不生の生で、不死の死ですか。

安田　無生の生といってもよい。その無生の生を生死している。単なる宿業の生も不生の生であり、不死の死である。そうすると生死を転じてくる。如来を荘厳してくる。それが生死を自覚させる。仏法というものは生死を自覚させる。自覚を信心といい、南無阿弥陀仏という。

兵頭　蓮如上人は簡単明瞭に言っておられるのですが、たやすいものかと思って、みんな身を入れて聞かないようになる。あれもああ言わないと、あの時代には喰いつかないのでしょうか。如来の計らいというか、一時成功したものですが衆生の業力のわかった人が多かったのでしょうか。

安田　蓮如上人の教育法です。ご開山からいえば難信。気がつくということは容易ではない。衆生が南無するためのご苦労であった。信を得ることの困難は、我執の深さと同じです。

兵頭　我執によって、自惚れてしまう。

助かるために称えるのではない。南無阿弥陀仏を利用しようという心を捨てれば、助かったのです

安田　難信というところに、我執でご苦労をかけたという、ご開山の懺悔です。

兵頭　親鸞聖人が出られて、難信の道が開けた。

安田　あの難信の信をなるほどと、心得やすいように、蓮如上人は教えられた。

兵頭　『御一代記聞書《ごいちだいききがき》』には、信をとれとれと教えられてあります。

安田　その時代は、信心を知らずに念仏を称えている人が多い。法然上人は南無阿弥陀仏を与えられる方です。ご開山は受け取ることに苦労された。法然上人は与える役割で、ご開山は受け取る役割。南無阿弥陀仏がすでに助ける法は成就してあるけれども助からない。われわれがよく受け取れない。最後まで自力で頑張る。そして南無阿弥陀仏を往生のために利用する。そこには我執というものをたのんでいるから、最後にはわらまで掴む。

兵頭　人間はすべて我執の計らいというが、自分の執着も離れない。

安田　それが妨げているのです。南無阿弥陀仏が妨げているわけではない。利用しようということが間違いです。

兵頭　はじめは称えた功徳があるかと思って。

安田　助かるために称えるのではない。助かる助からないを捨ててたのむ。利用しようという心が邪魔をする。利用しようという心を捨てれば、助かったのです。

兵頭　南無阿弥陀仏で助かっているのですか。そこがなかなか悟れません。

安田　南無阿弥陀仏が悪いことではない。我執が妨げている。我執が生き残っている。仏

法を聞いても生き残っている。だから難信ということが言われる。それは機を勝手につくろうというのです。機まで与えられる。如来を頂く心にまでなって下された。たのめというのは如来だけれども、たのむのも如来の成就の心です。

兵頭　これまで助けるのは如来で、たのむのは衆生で、それで話がわかるのですが、それを他力が他力をたのむといわれれば、理屈が合わないから。

安田　まず機が回向されたということが大事です。

兵頭　この機が回向されるということが、なかなか気がつかない。衆生の機となって血となり肉となるというお言葉がありますが、本当になりにくかった。自分自身に機であるということが知らされませんでした。

機が回向されるということ

安田　南無阿弥陀仏にうなずけるのも、南無阿弥陀仏のはたらきです。南無阿弥陀仏のはたらきで南無阿弥陀仏になる。なったのは自覚です。南無阿弥陀仏がはたらくのは本願です。なった南無阿弥陀仏を信心。はたらきとなる南無阿弥陀仏は本願、呼びかけです。

兵頭　この本願というものは、阿弥陀仏と一つの心と違いますか。

安田　ただ阿弥陀仏ではなく、阿弥陀仏が衆生になられるから本願。

兵頭　衆生に。

安田　阿弥陀仏が衆生になった。阿弥陀仏が衆生を証明していられる。南無となった如来。南無は本願、阿弥陀仏は光です。だから南無阿弥陀仏というより阿弥陀仏南無。それから

阿弥陀仏南無、南無阿弥陀仏

凡夫のままで如来

地獄も引き受けられるようになる不思議

南無阿弥陀仏、阿弥陀仏南無、南無阿弥陀仏とたえず切れずにはたらいている。

兵頭　衆生に縁がなければ阿弥陀仏。

安田　宿業になって衆生の上に生死している。衆生の上に不生不死の如来を実現する。その衆生をみんな仏にする。凡夫が凡夫のままで仏というように成就しようというのです。凡夫をやめて如来にするのではない。凡夫のままで如来だ。こういうことをはっきりする。

兵頭　凡夫が凡夫のままで仏になれるのですか。

安田　自覚した凡夫です。宿業の凡夫です。宿業というところに生死の現実がある。その生死している衆生を離れずに、その上に阿弥陀を成就しようというのである。

兵頭　昨日、現実を実現するというのがよくわからなかったのですが。

安田　現実の上に、衆生の上に如来を実現する。理想ではいけない。

兵頭　そうでしたか。助かる人間も理想をはげんでも。

安田　そうです。理想を描いても妄想です。そうではなく現実の如来でなければならない。衆生は生死しているけれども、如来を生死という形で衆生の宿業が現じている。だから、宿業のままが如来であるが、理屈がないので不思議という。信心を無根の信というのは不思議だということです。これまで恐れていた地獄も引き受けられるようになる不思議です。理屈はない。理屈はないけれども事実です。理屈では矛盾していることが実際です。

兵頭　そうです。

衆生となった如来。如来の中の衆生

安田　そうでしょう。仏は仏であり、衆生は衆生である。その衆生がそのまま仏である。理屈からいえば矛盾でしょう。理屈では人は南無できない。理屈で南無の心を起こさせようということはできない。理屈を捨てるところに南無ができる。

兵頭　理屈でできた南無などははたらきがない。

安田　議論の負けということでしょう。負けても南無にはならない。南無は負けたことではない。悟ったことです。できないことができた。

兵頭　これは仏智の不思議ですか。

安田　そうです。仏智の不思議です。夢が夢と知られた。これだけ強い妄想が見えた。そうでしょう。我執に苦しめられていても妄想我執の原因がわからなかった。

兵頭　妄想の原因は、我執が出るのです。

安田　我執が妄想を造って、造った妄想で我執が苦しんでいる。だから苦しめているものは造ったものが苦しめている。長い間見えなかった我執が見えた。それが夢から覚めた。覚めてみれば、そこにはじめて宿業の現実がある。衆生となった如来といってもよい。如来の中の衆生といってもよい。如来の中に衆生を包む。本願が成就して衆生となった。本願の中にある衆生の、その中にある本願が成就するから衆生となった本願。それは助かった自分です。阿弥陀仏を実現した自分です。我執の自分は忘れていたけれども、自分の知らない間も本願は自分を背負っていた。それに気がついたときに成就してくる。本当の自

如来の中にある自分というそれに気がつくのを自覚、悟りという

宿業は妄想では知られない。宿業を知るのは仏智

日常のままで永遠にふれている。それが本当の仏法の生活

分、如来の中にある自分というそれに気がつくのを自覚という。自覚の智恵。理屈の智恵ではない。自分に気がつくということが自分が助かったことです。

兵頭　それは悟りですか。

安田　そうです。われわれの計らいのない仏智です。宿業を知るのは仏智です。

兵頭　宿業を仏智が。

安田　仏智の内容です。宿業は妄想では知られない。妄想から覚めた心が宿業を知る。その夢から覚めた心は仏智です。知られるものは宿業であるが、知るのは仏智です。宿業を知らないのを妄想。宿業を知るのは仏智の悟りです。悟りといっても、禅宗のように考える必要はない。ああそうであったかということです。これは不思議だという智恵です。如来を探し求めていたが、その探していた自分が如来であった。探す自分のところに如来があった。そこへかえる。かえったら、そこへ如来が実現してくる。自己にかえればそこに如来が現われてくる。現生不退《げんしょうふたい》という。未来をまたないのです。現実ということは日暮しです。別な言葉でいえば日常生活。

兵頭　普通の人がいうのは、それよりほかにない。

安田　それが仏法にふれて仏法成就の生活になる。日常のままで日常を超える。そういうことがある。日常という意味からいうと、目の前に見えるけれども、その日常のままで永遠にふれている。生活は自分の中にあるけれども、自分の中にあって自分を超えている。

それが本当の仏法の生活です。

兵頭　仏法の生活とは、仏法の中の生活であれば一つになれるけれども、現実の生活は、仏法を日常生活の中に引っ張り込んでいる。

安田　南無阿弥陀仏という本願が生活の原理。南無阿弥陀仏は生活です。生活生活とやかましく言っているのは、これまでは何か未来往生ということを予定するために言っておるが、そうではなく現在の仏法であるということが、今日の話のように現実にならないとはっきりしない。現実の生活に埋もれてしまうことになる。そうでなくて、現実を破り現実を超えて、しかも現実に安んずる。現実を離れない。そういう意味がある。だから、現実の意味から言えば変わったところは少しもない。しかし、変わっているといえば本当に変わっている。我執に生きず本願に生きているのだから。本願に生きても宿業で生きているのだから別に変わらない。変わって変わらない。

兵頭　その宿業ということが、本当にわからないのです。限りがないほど深いものです。

安田　人間は妄想で生きているのではない。妄想以前に生きている。

兵頭　宿業といっても、わからないところで言っているのです。

安田　人間というものは深いものだ、というのは過去全体を背負っている。

兵頭　仏法に入ってきて自分にしまりのつかないところから、はじめて気がついてくるのです。

宿業に目覚めるためには

本願にかえる、自分にかえるということは宿業にかえること

安田　何でも宿業に目覚めるためには、我執に目覚めなくてはならない。我執に目覚めたら妄想はない。迷いというものを知らなければならない。何が迷っているか、それを知らなければ悟ってみようがない。本当に迷いを知る。それが妄想から覚めて宿業にかえる。それが目が覚めた。この我執を知るということは容易ではない。我執が我執とわからなければ、宿業がわかるはずはない。

兵頭　我執よりほかにはたらいておらないのですが、我執というものがそれほど邪魔になるとは思われないように考えています。

安田　それほど我執は深いものです。我執を可愛がって宿業を憎む。我執こそ憎むべきです。我執がなければ宿業を憎む必要がない。我執が否定されれば宿業は引き受けられる。宿業を引き受けているのが本願。本願は我執のないもの。本願に対して自分の心があるのではない。本願の心を賜わる。本願の心と私の心とがあるわけではない。私の心は我執。それが破れて本願にかえる。本願は宿業を引き受けている。本願にかえれば宿業を背負っている。本願にかえる、自分にかえるということは宿業にかえることです。その大事な点を普通はさっと流してしまう。しかし大事な点は小さい処にある。一番大事な点をごまかさないようにはっきりしなければならない。信心がはっきりしてくれれば健康になる。病気といっても気が病む。いま言ったように、仏の眼から見れば山も河も仏でないものはないけれども、あらゆるものが仏であるということを自覚する場所が人間。なぜ人間にそうい

う場所があるかというと、我執をもっている。我執をもっている人間だから我執をひるがえす。我執がなければ自覚もない。我執が我執自身を自覚する。人間というものは、木や草と違って我執がある。それが自覚の縁である。そういう意味からいえば、我執というものは大事である。我執で苦しむけれども、苦しむというところに我執が自覚されてくる。そうすれば、我執で苦しむということが招喚である。

兵頭　我執は憎まれるのです。

安田　我執を起こしたおかげで、それが懺悔される。如来に背いたおかげで迷いを悟る。迷わないものには悟りということがない。人間は迷うからその迷いを悟る。我執のほかに、妄想のほかに別に真実はないのであって、妄想が覚めればそこに真実がある。真実を妄想としている。妄想が晴れれば、その正体は真実。妄想を悟れば、それは真実。紙の表と裏みたいなものだから宿業に迷って我執を起こす。その我執に目覚めれば宿業の自覚にかえる。宿業の自覚はこれは如来の智恵です。だから宿業を生死するけれども、生死のままが不生不死。生即不生。死即不死。それは不思議でしょう。そういう自覚した立場からみれば、我執ということも意味があった。我執というものがなければ自覚もない。人間だけが我執を起こしている。人間が悟ったといえば、一切が悟る。自己がはっきりすれば、一切がはっきりする。

兵頭　帰りがけにお話をしてもらいました、みんな嘘だ、妄想だということは。

如来に背いたおかげで迷いを悟る

こちらに人間、向こうに仏を考える。それを妄想という

如来と人間と二つあるのではない。人間というのが如来の現実。如来と衆生と因縁で結びついている

安田　妄想というのはものを固めるのです。こちらに人間というものがあって、向こうに仏を考える。そういうふうに人間は人間、仏は仏と考える。それを妄想という。善は善、悪は悪、すべて考えて決める。そうすると、人間というものと、如来というものと二つ考えたら結びつかない。結びつけようとしても結びつかない。それが考えたものだと気がつけば現実にかえる。もっといえば宿業、因縁という。因縁の世界というのは、決まらないものを因縁という。

兵頭　決まらないもの。

安田　善悪が互いに因縁となる。人間は人間、善は善と決めてしまえば妄想となる。悪は嫌い、死ぬのはいや、生きておりたいと決めてしまうのが妄想。決めてしまえば結びつかない。現実の世界は互いに因縁となる。如来と衆生も互いに因縁。如来と人間と二つあるのではない。人間というのが如来の現実です。如来の方から結びついている。

兵頭　はじめから。

安田　そうです。そこが大事です。

兵頭　如来と衆生とが因縁で結びついている。

安田　そうです。衆生というところに如来がある。

兵頭　衆生と如来が離れるということはできない。それで阿弥陀仏が南無するということになる。

これから助けてもらうのではない。気がついたときに助けられている

安田　阿弥陀仏が南無するから、われわれがまた南無することができる。宿業というところに如来の現実がある。宿業の世界は因縁の世界です。これから助けてもらうのではない。気がついたときにそこに助けられておる。たのむとか、助けられるとかということは気がつくことです。

兵頭　離れるということができないようになっているのですか。

安田　離れないものを、離そうとするのが妄想。本来は離れない。それが南無阿弥陀仏。南無阿弥陀仏が現実。それが因縁の世界です。離れないようになっているのを離して、また結びつけようとする。それはいらないことなのだ。結びつけるよりもはじめから結びついている。それが招喚です。結びついているから、たのむということができる。如来が衆生になっている。はじめから結びついている。それだからわれわれが如来をたのむということができる。

兵頭　それで阿弥陀仏が南無するということが。

安田　そうです。如来が人間になっておられる。それでわれわれが南無することができる。それは互いにはたらいている。それが因縁の世界です。分別の妄想でそれを分けている。あなたはいろいろ話を聞いてひっつけようとするがひっつかない。わかればそこへかえる。南無阿弥陀仏が人間の世界に呼び返すのが呼びかけ。呼び返されてみれば、本来そこにある。

兵頭　いまでも。

本願よりほかには何ものもない。生死も本願の中にある。これから浄土に行くということはない

安田　南無阿弥陀仏が現実です。それが本来の世界。現実にかえれば安心。それを離れれば不安になる。

兵頭　もとにかえるのですか。

安田　南無阿弥陀仏にかえれば人間が如来、如来が人間です。

兵頭　私の体の中に皆あるということは本願によるよりほかにはない。

安田　本願に気がついてみれば、本願の中にわれわれは宿業を起こしている。だから宿業の身に気がつけば本願が成就していく。そうすれば南無阿弥陀仏よりほかには何ものもない。本願が宿業を自分で背負っておられる。それに気がつけばそれを機という。南無の機の上に本願が成就する。南無を与えられれば、本願よりほかには何ものもない。生死も本願の中にある。これから浄土に行くということはない。全体が如来です。仏の中に生まれ、仏の中に死んでいく。南無阿弥陀仏の中にすべてが動いている。

兵頭　これに気がつけば。

安田　気がついたのが南無です。

兵頭　気づいたのが南無ですか。

安田　南無阿弥陀仏の中に妄想を造っている。妄想が消えればそこに南無阿弥陀仏。妄想をとって南無阿弥陀仏があるのではない。南無阿弥陀仏の中に妄想を造っている。妄想が消えればそれが南無阿弥陀仏であり、現実にかえった。妄想が破れればそれが現実。南無

阿弥陀仏に呼び返された。自分の力でかえったのではない。

兵頭　呼び返された。

安田　気がついたというのも、気がつかせられたのです。そこに気がついてみれば、人間の考えを入れる余地がない。紙一重のすき間もない。宿業と本願が人間となって下されている。

兵頭　本願からみれば本願が先に見抜いているに違いないのですが、宿業が本願となると、妄想というものが動く。

安田　本願の中には妄想はない。ないものを造っているのが妄想です。

兵頭　われわれが疑ったり、あやうんだりするのを、本願は皆見抜かれている。

安田　ありはしないのです。だから、気がつくのを待っている。たのむのを本願は待っている。そこに本願を成就する。妄想が妄想と知られたら気がついたのです。気がついてあるものは妄想ではない。気がついてもまだあるものは、それは真実です。気がつけば妄想は消える。たとえていえば、どんなものでも夢だったと気がつけば、万一あるかも知れないと思って探す者はいない。気がついても、まだあるものは夢ではない。妄想だといえば夢が覚めた。夢が夢だと知られた。本願には夢はありません。こちらが夢を見ていた。

兵頭　衆生と本願との因果関係は離れることができないということは、聞いていましたが、妄想を別にしていたことに、気がついていなかった。

如来の上にわれわれが宿業を造って、如来が宿業となって現われる

安田　はじめからひっついているのを、こちらが、ひっつけようとする。しかしひっつけることの、いらない世界なのです。われわれが如来をたのむより先に、如来がもう南無していた。それを分けてまた、ひっつけようとすることは、できないことです。決まらないものを因縁という。人間は人間、如来は如来、善は善、悪は悪というようには決まらない。因縁の世界では決まらない。固定したものではない。いつでも動いている。この如来の上にわれわれが宿業を造って、如来が宿業となって現われる。宿業だと気がつけば、その宿業は功徳に転ずる。宿業のあるだけが本願に転ぜられてくる。罪悪深重の悪業が本願に転じてくる。

兵頭　宿業の妄想が、妄想だと知られれば、宿業にかえるのですか。

安田　そうです。

兵頭　妄想というのは、夢を見たのも妄想ですか。

安田　夢を妄想というのです。

兵頭　人間は何を考えたり、判断しても、これは皆妄想よりほかにはない。この妄想を相手にしなくてもよさそうですが、これに目覚めるまでは、妄想を離れることはできないのですか。自分のことは一切間に合うことはない。自分の思いつくことは皆駄目なものである。ということは、承知しているように思いますし、妄想を間に合うものだとは思いませんが、目覚めるということがわかりません。やはり妄想の中で、はっきりしない。

安田　妄想に呼びかけはないのです。妄想を肯定するのではなく、妄想をたたき壊す。妄想を破れば宿業に転ずる。破るということと、転ずるということと二つある。
兵頭　その妄想を破るということについては、呼びかけですか。
安田　そうです。妄想が妄想を破るということはできない。
兵頭　呼びかけは、招喚の勅命ということですか。
安田　そうです。だから宿業にかえれば、呼びかけは妄想を破って、宿業に届く。どれほど妄想があっても呼び覚ます。妄想の夢をみているのを呼び覚ます。覚まして宿業に響くのです。わが身に呼びかけられる。わが身は妄想ではない。宿業です。妄想よりもっと底に響くものがある。
兵頭　妄想は心ですか。そうすると、妄想の心はどこまでも、とりとめのないものですか。
安田　そうです。妄想で聞いたなら話になる。その話を突き破ってわが身に響かせて聞くのは、宿業が聞くのであって、妄想は聞かないのです。妄想で聞くというのは意味がわかった。理屈がわかったというのは、妄想が聞いているのです。妄想ではなくもっと深くわが身に響かせる。そこに呼びかけがある。宿業に気がつけば、宿業を背負っている本願が宿業の底にある。その本願が宿業に呼びかける。
兵頭　宿業と本願とは、一つになっているのですか。
安田　われわれが呼びかけになるほどといったときには、これは本願にふれたときです。

宿業を背負っている本願

どんな宿業でも喜んで引き受ける心は、本願の心

呼びかけるのは本願。呼びかけられてなるほどとわかったのは本願にふれたのです。

兵頭 そうすると、この本願が衆生と一つになっているから、本願の呼びかけに返事をするというのですか。

安田 呼びかけられた宿業の自分は、本願にかえるのです。宿業からいえば本願にかえったといってもよいが、本願が返事をしたといってもよい。兵頭という人間を破って、本願が名乗りをあげるのです。宿業に呼びかけられるけれども、呼びかけを聞いたときは菩薩にされるのです。宿業を背負っているのが菩薩です。

兵頭 菩薩にかえるのですか。

安田 宿業とわかると共に、宿業を背負う力を本願から与えられる。宿業に気がついたら、そこへかえったなら、ただ宿業にかえるというだけではなく、宿業を背負う力も与えられるのです。

兵頭 こういうふうに他力というものは、現われているのですか。

安田 それは宿業というものに任せる。どんな宿業でも喜んで引き受ける心は、本願の心です。その心が生まれてくる。

兵頭 この本願というものは、自分にそなわっているのですか。

安田 これまでは妄想が自分の立場であったがそれが破れて、今度は本願が自分の立場となる。そこで悠々と宿業を背負っていける。

本当の法蔵菩薩は自分

宿業にかえったのが信心。妄想が晴れたのが信心

兵頭 そういうふうに、本願は衆生から離れないのですか。

安田 一切衆生の宿業を背負っている本願が、呼び返すのです。呼び返されてみれば本願にかえった。そして自分が宿業を背負う身になる。

兵頭 ここにはじめて、他力ということが知られる。

安田 そうです。はじめて法蔵菩薩が生まれてきた。

兵頭 法蔵菩薩のはたらきですか。

安田 はたらきということではなく、我は法蔵菩薩である。向こうに置くのではない。何でも向こうに置いて、こちらは自分というふうに決めてしまうのは妄想です。本当の法蔵菩薩は自分です。

兵頭 本当の自分は妄想でしょう。

安田 妄想に生きていたものが妄想に破れた。宿業を嫌っていた身が転じて、今度は宿業を喜んで引き受ける身になる。だから、あらゆる衆生は皆法蔵菩薩です。

兵頭 それは信心を頂く価値があっても、法にふれなければしようがない。

安田 いま言ったように、本願にかえった、宿業にかえったのが信心。そのほかに信心はない。これまでの妄想が晴れたのが信心。

兵頭 信心というものは、それよりほかに自分の体はない。

安田 妄想を破られたのが信心。だから、その心は法蔵菩薩の心です。

形のない本願は、宿業という形で人間に現われていた

兵頭　信心が法蔵菩薩のお心ですか。

安田　生死を背負っている心が信心。それは本願の心で、兵頭の心ではない。その本願の心が兵頭の中に生まれたということです。

兵頭　自分のような者を、何ものにもかえられないご面倒をかけて、お育てにあいました。

安田　妄想で宿業を作っている。その妄想がいまの因縁となったのです。

兵頭　妄想も因縁となっていたのですか。

安田　妄想することが因縁です。妄想で宿業の因縁を作っていても、それがわからなかった。妄想で宿業を作って因縁の中にあったが、妄想だからわからなかったのです。因縁だとわかれば妄想は消える。そうして宿業を内面に背負っている心にかえるのです。

兵頭　宿業の内面といっても、妄想の内面と一緒になってはいけない。

安田　宿業というものだけが、あるわけではない。宿業というものは、本願の中に宿業を造っていたのです。本願は一如の世界で形がない。それを人間が宿業で形を造っていた。だから形なきものの形。形のない本願は、宿業という形で人間に現われていた。

兵頭　形のない本願が。

安田　本願が形となっている。だから形のところに本願がある。だから本願に目覚める。本願は形がないが、それを人間という宿業の形にしてあった。人間となっている如来です。人間にかえればそこに如来がある。しかし、宿業がわからず、また本願もわからないから

妄想です。

兵頭　宿業ということは、本願に遇わなければわかりません。

安田　ものを形と見なくて、物（実体）と見るのが妄想です。茶わんでも茶わんは形です。いろいろな因縁で形ができている。それをはじめから茶わんというものを考える。それが妄想です。本願でも宿業でも、ものになってしまえば妄想です。形のない形、それが本当の実相です。それが人間の実相であり、如来の実相です。

兵頭　如来や本願には形がありませんか。

安田　そうです。それを人間が形にしている。形のない如来を、いかに人間が形にしても、形を超えている。形にかえったところが、形がないものにかえるのです。

兵頭　そうですか。宿業に形があっても本願にかえるのですか。

安田　そうです。形がないものにかえれば、宿業が功徳荘厳になる。宿業が転ずる。形が形なきものに転ずるのです。そういう形なき形にかえって、はじめて安心というものがある。それが本来であって、そういうものを離れれば不安がある。ものの世界の不安がある。死ぬ、生まれるということも、みんなものになる。死というもの、生というもの、すべて、ものにしてしまう。

兵頭　宿業が形をとるのですか。その形というもので本願に転ずるわけですか。

安田　物を破って形にかえる。如来の形です。そうすれば、そこに形にかえれば如来があ

形というものと形なきものの二つがあるのではない。ただ形。そこに形がないものが形を現わしている

生死という人間の形が生死のない如来の形

現実の因縁の世界、即の世界の構造

る。有限といってもよい。形のないものを無限。有限と無限とがあるわけではなく、有限が即無限である。無限にかえる必要はない。有限にかえればよい。有限にかえれば即無限です。形は有限、形なきものの形です。形なきものを形のほかに考えると、また話になる。形というものと、形なきものの二つがあるのではない。そうではなく、ただ形です。そこに形がないものが形を現わしている。

兵頭　形のないものが形を現わしているのですか。

安田　だから南無は形なきものの形で、形が形にかえるのが阿弥陀仏です。そしてそれは、みんな即というのです。無限即有限。有限即無限。即の世界を即でないものにしてしまえば物の世界で、それは妄想です。このように非常に単純です。単純だから、ああ不思議、という。宿業の形が即、本願ですから不思議です。現実を不思議というのです。

兵頭　現実ということですか。

安田　仏法の話は非常に楽しいのです。死も形、生も形です。死を恐がるのが妄想です。生は不生の形、不生の生。死は不死の死です。生死という人間の形が生死のない如来の形です。生死しているのが人間です。そして有限です。有限のほかに無限はない。有限のほかに無限を考えると妄想です。その現実の構造を表わすものが南無阿弥陀仏です。

兵頭　そうですか。

安田　現実の因縁の世界、即の世界の構造を南無阿弥陀仏が表わしている。

業に身を任せたということと、本願に身を任せたということとは同じこと

兵頭　これは、不思議というより、何もわからないものです。

安田　不思議というのは、有限が無限だから、それで不思議です。無限を不思議ということではない。有限がそのまま無限だから、不思議という。有限が不思議です。

兵頭　有限なものが無限というと、何がはたらくのですか。名号がはたらくのですか。

安田　それ全体が名号です。有限即無限、無限即有限のはたらきが南無阿弥陀仏です。阿弥陀仏から南無、南無から阿弥陀仏。切れない名号のはたらきです。分別のいらないはたらきです。

兵頭　衆生と本願とは離れることがない。

安田　それがはたらいている。如来が衆生となり、衆生が如来に転ずる。それが有限無限のはたらきです。

兵頭　それが不思議ですか。

安田　それを浄土だの、如来だのと、別々に分けてしまうのが妄想です。

兵頭　如来といえば衆生、衆生といえば如来があった。離すことができない。

安田　そうです。南無阿弥陀仏というところに、そういう有限無限、如来と衆生との一つの運動の構造を南無阿弥陀仏が明らかにしている。南無阿弥陀仏のほかには何ものもない。妄想が覚めてみれば南無阿弥陀仏にかえる。人間にかえったそのときが無限にかえったときです。業に身を任せたということと、本願に身を任せたということとは同じことです。

業のとおりに生きてゆくということが、本願に任せた意味です。

兵頭　本願に任せたから、業のとおりにいける。

安田　業のとおりにいけるから功徳です。死ぬときには死ぬ。生きるときは生きる。早く死にたいということは、いらないこと。宿業に任せるのです。任せることができないのが妄想です。

兵頭　確かにそうです。

安田　本願を頂けば、もう任せられる。そうすれば地獄でもどこへでもいけるのです。

兵頭　業に任してよいものを、任さずにおりました。

安田　業ということがわからないからです。業因縁という。業は因縁です。

兵頭　悪業も因縁ですか。

安田　悪業を造って悪業によって本願にふれれば、それは善業と変わらない。人間は悪い業ばかり造っているのです。業に動かされている。

兵頭　業に動かされるのですか。

安田　それは人間が動いている。自分が善をなし、悪をなすと思っている。そうではなく、善の縁に遇って善であり、悪の因縁に遇って悪であり、我というものがない。妄想の中では我が善心を起こし、悪心を起こすと思うが、そういう我というものはないのです。

兵頭　自分が思うままにしたいということが出てくる。

業縁

宿業の世界は分別が役に立たない世界、そこに如来がある

死ぬときは死んだらよい

安田　したいと思っても、業によってする。それを人間の妄想によってしたとか、しないとかと思う。しないと思っても業縁があれば、せずにはおられないし、しようと思ってもできない。

兵頭　そうです。実際動いている。

安田　親鸞聖人も、兎《う》の毛《け》羊の毛の端にいる塵ばかりも造る罪の宿業にあらずということなしと知るべしと、どんなことも業縁《ごうえん》でないことはないと言われる。これは人間の分別、人間の考えの無効ということを表わされたのです。業に目覚めれば分別が廃《すた》る。因縁を分別していたが、因縁だと気がつけば分別は廃る。また、業ということは分別を捨てさせられたということです。だから、分別を捨てた事実、それは如来の事実です。宿業の世界は分別が役に立たない世界、そこに如来がある。形のない如来の形です。それが宿業です。

兵頭　如来には形がないから、実際は本願のはたらきの形ですか。

安田　如来は遠いところにあるのではない。宿業をもって生きているこの現実が如来です。

兵頭　形があっても。

安田　体が弱ると死ぬのです。死ぬときは死んだらよい。その役を果たしたという意味です。業を果たしたのです。皆因縁によって業がある。業を果たして死ぬのです。

兵頭　これをはっきりしないと。先生に長い間ご迷惑をかけておりました。

安田　死ねば業が消えるのです。何ほど死にたいと思っても死ねない。死ねるということ

は業を果たすということです。

信心発起

兵頭　業というのは形ですが、心も出るものは間に合わないと承知していても、夢を見る。

安田　いま言った夢はたとえですが、覚めている心も仏からいえば夢です。われわれが覚めていると思う心も、如来の智恵からみれば夢です。

兵頭　この体を背負っている以上、本当に覚めることはできない。

安田　妄想は腹がふくれないから不安になっている。それが目覚める証拠です。不安がなかったら目覚めない。不安になっているということが、妄想が終わりになった証拠です。妄想が終わりにならないならば、不安もない。

兵頭　まだ自分の心です。

安田　落ち着けないということが、妄想が終わりになって、宿業にきたということを表わしている。宿業は因縁ですが、宿業に気がつくということは、妄想を破って宿業を自覚する心は、これを発起《ほっき》という。宿業だと気がつく心。目覚める心を発起という。信心を発起する。

兵頭　はじめて起こるということですか。

安田　起こるといっても、煩悩が起こるのとは違う。信心が発起する。煩悩も心で造る。信心も心でするが質が違う。量からいえば煩悩は無限の量ですが、信は一念の信という。

兵頭　質が違う。

自己の根源に目覚める

安田　夢から覚める心を発起というのです。発起というのは、如来から起こったからです。

兵頭　如来から起こったそのときに、如来は自分の本体を指すのですか。

安田　自分の本体というよりも、気がつくというのは、如来の本願から起こった心です。

兵頭　如来は向こうに。

安田　自分の底から起こる。

兵頭　ああ、そうですか。

安田　自分になっている如来を本願という。

兵頭　声なき声というのですか。

安田　自分の宿業の底から起こったのです。発起という。

兵頭　向こうに見ていた癖がある。

安田　自分の底から、自分を破って名乗って下さる。

兵頭　自分を破って、底からですか。

安田　このわれわれの妄想を破ってわれわれの底に呼び返す。底から底に呼び返す。

兵頭　その自己へですか。

安田　自己の根源に目覚めることです。ほかのものに目覚めるのではない。如来に目覚めるということも、自己の根源に目覚めるのです。本願の本はもと。根元というのです。自己の根元に目覚めるのです。

浄土に行くということでなく、自己の根元にかえる

未来往生と現生不退

如来に私がたのむのではない。たのむ私というのが、もう本願の成就

兵頭 本願は、私のためにご苦労下された。

安田 浄土に行くとか、如来に行くとかということはない。自己の根元にかえる。ほかへ行くのではない。自己の根元にかえればゆく必要はない。向こうに考えるのは未来往生。自己の根元にかえるのを現生不退。未来を待たないのです。

兵頭 それは南無阿弥陀仏が生きた南無阿弥陀仏。死んだ南無阿弥陀仏。

安田 生きた南無阿弥陀仏が救いなのです。南無阿弥陀仏の中にある。南無に離れないお助け。南無のあるところ阿弥陀仏がある。現在です。南無から離れた阿弥陀仏を考えると未来です。

兵頭 現生不退といいますが、未来往生になっていますか。

安田 南無のほかに阿弥陀仏を考えると未来です。

兵頭 南無のはたらき、何かにたとえようもありません。

安田 南無がご慈悲の極まりです。気がつくというのですが、気がつくと自分にまで如来がなっていて下さる。南無の、たのむ機にまで如来がなった。如来に私がたのむのではない。たのむ私というのが、もう本願の成就です。

兵頭 衆生の機のために本願が南無になって、入ったのですか。

安田 ほかから入ったわけではない。

兵頭 それが内の底に。

仏法不思議

安田　そうです。本願は外にあるのではない。はじめのない始めです。

兵頭　みんな衆生の中にあって、ほかではない。しかしほかにして遠方の方に考える。

安田　それは妄想です。

兵頭　これほど近くに、自分に与えられていた親というものがありながら、外ばかり探していた。

安田　南無は子です。

兵頭　親といっても、世間の親にはたとえられない。

安田　子の自覚のところに親がある。自分が子だとわかったときに、親に遇う。親に遇う場所は、自分が子であるという自覚が場所です。南無は子、阿弥陀仏は親です。子であるという自覚において親に遇う。しかし、その子は不孝を自覚した。妄想の自分は親を忘れた子です。その不孝な子を自覚する。

兵頭　真宗のご安心も仏智不思議という。

安田　いつつの不思議をとくなかに　仏法不思議にしくぞなき　仏法不思議ということは弥陀の弘誓《ぐぜい》に名づけたり。仏法の不思議というのは、秘密のないのが仏法の不思議。聴聞してわかるのが仏法の不思議です。

兵頭　わからない不思議はないのですか。

安田　公明正大の不思議。隠したような不思議ではない。この生きているということが不

仏法の正しい信仰は自覚の信仰

仏さまを向こうに置いて信ずるのが、一般の信仰

思議です。われわれが当たり前のように思っていることが不思議です。

兵頭　理屈を言うだけでわかりやすいように思って、理屈を超えたことになると難しい。

安田　仏法は理屈を超えているのです。神秘的不思議というのは理屈の反対です。理屈の反対だという不思議と、理屈を超えているということとは違う。

兵頭　真宗は理屈を超えていますが、理屈にあわない秘事法門は。

安田　真言密教という弘法大師の教えを密教という場合は、深い意味の不思議ですが、不動さんとか、観音さんの、霊験あらたかということを言うのは、堕落した不思議です。秘事法門は間違った不思議です。普通は奇蹟を不思議という。南無阿弥陀仏の不思議というのは、そうではないのであって、理屈に合わないのではない。理屈を超えている。平常心これ道《どう》、ということがある。平常は当たり前のこと、これが仏道である。仏道というのは変わったことではない。当たり前のことが不思議なのです。

兵頭　真宗の人でも、南無阿弥陀仏といいましても、自覚ということを頭においてはいない。

安田　そうです。仏法の正しい信仰は自覚の信仰です。宿業の身が本願だと、自分を自覚すると。それが正しい。それに比べて向こうに仏さまを置いて信ずるのが、一般の信仰である。南無阿弥陀仏の信仰はそうではない。自分を自覚する。自覚するその場に仏がある。

兵頭　自己といっても。

あなたにかえれというのが発遣

安田　普通の自己は、我執を自己という。仏法の自己は、我執の破れたところに自己がある。だから、天親菩薩は我一心といわれる。我一心に帰命すると。だから、信心というものによって我を立てる。

兵頭　己れが信心になってしまう。

安田　信心に我執はない。仏法の信心は我執の破れた我であるから、無我の我です。

兵頭　これが大事なことですが、なかなか気づかない。

安田　気がつくということが呼び覚まされたことです。気づかされる。それが招喚のはたらきであり、南無阿弥陀仏に気がつくということが南無阿弥陀仏のはたらきです。

兵頭　ここに発遣《はっけん》ということが。

安田　発遣というのは、われわれが話をして、あなたにかえれというのが発遣です。来いというのではない。私のところに来いというのではない。そこへかえれということ。信心というものは他人からもらうものではない。しかし信心が生まれるような仕組みになっている。だから、一度得れば失うということがない。よそからもらったものならば、落とすこともある。

兵頭　皆に一々与えられているのですか。

安田　向こうに置いたものならば失うが、自覚の信は失いようがない。曠劫《こうごう》以来《いらい》、夢を見てきたのである。

往生とは、妄想の自分が死んで本願の自分に生まれ変わること

兵頭　長い間迷ってきた。

安田　生まれるときから我執を起こしている。生まれた後で我執を起こすのではない。信心を頂くということは生まれ変わることです。往生ということは生まれ変わることです。妄想の自分が死んで本願の自分に生まれ変わる。

兵頭　妄想ということがわかれば。

安田　妄想というのはないものをあるように考え、本当にあるものを隠している。本当にあるものがわからないから、ないものをあるように考える。本当にあるものは南無阿弥陀仏。それがわからないから、ないものをあるように分別する。そういう自分の姿について南無阿弥陀仏にかえされる。

兵頭　そこに南無阿弥陀仏がある、ということに気づかなかった。

安田　南無阿弥陀仏の中で妄想を起こしていたからです。妄想だと気がつけば、そこが南無阿弥陀仏です。

兵頭　妄想と知ることが、南無阿弥陀仏のはたらき。

安田　妄想と知れば破れる。

兵頭　妄想がなかなか知られない。

安田　妄想と気がついた心は一念です。妄想は何千年何万年であるが質が違う。量からいえば妄想が大きい。しかし質から言えば気がついた一念には勝てない。

無始以来迷わないとわからない

兵頭　この一念というものは。

安田　妄想に気がつくことです。気がついた心と妄想とは喧嘩はしない。それは質が違う。同じ立場ではない。だから気がついた心に、一念が起これば千年万年の妄想が消える。千年戸を閉じていた暗い室も、一本のマッチで闇は消える。光と闇は同じ力ではない。気がつくのは光。妄想は闇であるが、どんな闇も気がついたときには消える。

兵頭　闇が光に遇う。

安田　光が出れば闇はない。光がないから闇。光があればもう闇はない。

兵頭　迷っていたということは、ひどいものです。

安田　気がつくということは、迷いであったと悟ることです。悟れば迷わない。どんなに長く深い迷いでも、悟ればないのです。気がつけば千年の妄想は千年の光になる。

兵頭　夢から覚めたことが永久に光に。

安田　それだけかたじけない。長い間眠っていたことも、覚めてみればかたじけない。

兵頭　無始以来迷ってきた。

安田　その無始以来迷わないとわからない。

兵頭　そこに苦しみがあったわけですか。

安田　そうです。その苦しみを尽くさないと、長い間迷っていたことが楽しい思い出に転じない。少しも迷わないならば思い出もない。夢から覚めてみれば懐かしい思い出になる

如来と人間とがあるのではない。人間に如来がある。如来が人間を包んでおられる

本願が南無阿弥陀仏として出てきている

わけです。

兵頭　仏を外に見ていたのが間違いです。

安田　仏を自分の外にみる。そうして自分を仏の外にみて、それを結びつけようとする。

兵頭　それが結びつかない。

安田　そうです。如来と人間とがあるのではない。人間に如来がある。如来が人間を包んでおられる。その如来を本願という。その本願が成就してくれれば如来を包んだ自分。それを信心という。信心は如来を包んでいるのです。本願即信心です。それが本当です。そこへかえるのを安心という。そこへかえらない限り、分けていたら不安です。

兵頭　はじめから知らずに分けていたのです。ようやくお聞かせにあずかって知らされました。

安田　他力の信心を頂いた、と信心を造っていた。自分の思いが信心になっていたのとは違う。

兵頭　そうです。

安田　南無阿弥陀仏が本願であり、南無阿弥陀仏が信心です。南無阿弥陀仏を向こうに置いて信ずるのではない。南無阿弥陀仏にかえるのが信心。本願が南無阿弥陀仏として出てきている。

兵頭　はじめに、南無阿弥陀仏の形をとる。

安田　だから、宿業の自分を助ける。本願は皆南無阿弥陀仏。
兵頭　南無阿弥陀仏の主になる。
安田　そうです。非常に大事な点は南無阿弥陀仏というものが選択され、また回向されている。諸仏の本願には南無阿弥陀仏はないが、阿弥陀仏の本願には南無阿弥陀仏がある。南無阿弥陀仏がなければ手がかりがない。衆生が自分の力で行かなければならない。
兵頭　南無阿弥陀仏だけは衆生の本願と別になっている。
安田　衆生の本願というけれども、本当の衆生の願が如来の本願である。本当の自己の願が如来の願です。
兵頭　それが阿弥陀仏ですか。
安田　その自己の願がわからないから、欲を起こすのです。助かりたいとか、何とか言って欲を起こす。願がわからないから欲を外に求める。願は内に満足する。欲望というものは外に求めて満たせば満たすほど足らないのです。願は自分に満足できる。
兵頭　年が重なって聴聞させて頂きました。

【三】

兵頭　他力の信を無根の信というのは、根がないということですか。
安田　自分に根がないということです。

如来の心が私の中に起きた

兵頭　自分に根がないというのは、凡夫には根がないのですか。

安田　凡夫から起きた信ではない。本願に根がある。自分の妄想から出た信心ではない。自分から出たものではないけれども自分に起こった。自分でない心が自分に起こった。それを不思議という。だから如来と人間というものは二つのものではないという、そういう自覚が信心です。信心ということになると、私が信ずるのですけれども、しかし、私が信ずるということが私の心ではない。如来の心が私の中に起きた。信心ということが、それ自身自己にして如来、如来にして自己ということを自覚した信心。信心は私に起こったけれども私より大きい。自分に起こった信心が自分を救う。信心が助ける。しかし我執の信心というものは自己が大きい。

兵頭　自分の信心が自分を救う。

安田　そうです。信心に救われる。信心が如来である。自分の向こうに如来があるのではない。信心になっている如来、それが信心。信心が我となって我を助ける。信心は疑いようのないもの、それは如来です。如来は向こうにあるのではない。信心となっている。曇《どん》鸞大師《らんだいし》は信心のことを蓮華にたとえておられる。蓮華はきれいなところには生えない。泥の中に生ずる。泥の中に開いて泥を清める。蓮華は信心です。泥のほかのところに開くのではない。泥のような衆生の心の中に開く。そういうものを無根の信という。自分の信心の場合は自分の方が大きくて、ふところに入るが、他力の場合は自分の方が信心に包まれる。順序立てて言うから、妄想が破れて信心が生ずるというが、信心が生じて妄想が破れる。こう言った方が正しい。信心が生じて妄想が自然に破れる。太陽が出て闇が晴れる。だから同時ですが、妄想が破れたというときは信心が生じている。妄想を妄想だと知る心は、妄想ではなく、信心です。これまでは妄想を妄想だと知られない。

兵頭　皆自我ばかりに固まっておりました。

安田　妄想と知られる智恵は信心です。

兵頭　半分わかったようで、妄想の中にある。

安田　それは目覚めかけ。妄想か妄想でないか、半信半疑というので混ざっている。疑いなく妄想だという場合は目覚めている。

兵頭　凡夫というものは疑いなく妄想だという。妄想のほかにないと決定した。

安田　決定したならば目覚めている。

兵頭　おかげさまで妄想と知らされました。

安田　妄想というものは力で倒すことはできない。知るということだけで破れる。妄想を妄想と知るということだけで破れる。妄想とわかったけれどもあるというものではない。妄想を知るは智恵です。

兵頭　我執の心が。

安田　心は我執に覆われている心です。迷っている心が我執を起こし、妄想を起こす。こ

覚めた心が信心

如来も煩悩を厭わない。煩悩の中に出て煩悩を転ずる

ころが覚めたというのは信心。覚めた心が信心です。

兵頭　心が覚めれば、信心になりますか。

安田　心がひっくり返る。それを回心という。こちらの迷いの心を捨てて別に悟り出てくるのではない。これがひっくり返る。別のところから悟りが出てくると考えているのが妄想。迷っているものがひっくり返る。

兵頭　その迷っているのを知るのは本願ですか。

安田　南無阿弥陀仏と目覚める。目覚めた心が信心。それを転ずるという。心が転ずる。本願とか名号、こういう教えが有難いのはなぜかというと、煩悩の衆生の中に本願が名乗る。泥の中に信心の華が開く。それが大事な点です。

兵頭　煩悩の中から出るという。

安田　そうです。それは煩悩の中に出るけれども、煩悩から出たのではない。だから煩悩を嫌わない。如来も煩悩を厭《いと》わない。煩悩の中に出て煩悩を転ずる。

兵頭　そうすると、煩悩は放っておいても。

安田　そうです。功徳になる。われわれの方が泥を嫌う心を妄想という。本願は泥をいたむ。

兵頭　煩悩菩提一味、味ということで。

安田　そうです。煩悩は嫌うのではない。妄想を嫌う。我執ほど恐ろしいものはない。我執というものは深いもので、それは信心の中にも入る。自分の信心は我執というものが信

無始以来の自分の立場

機の深信、法の深信

心という形までとる。根がある信心ということになると、自分の信心である。心をひっくり返さずに、ここまで信心を固める。ひっくり返らない立場で信心を造ろうとする。だからあなたも、わからないことがあれば何でも聞きなさい。わかるというのは事実がわかる。理屈に合わせるということではない。

兵頭 理屈に合わせて自分が聞いている。

安田 それは信心ではない。自分の頭で固めて鎧にする。悟るというのは事実がわかって、ああそうかとうなずくことです。理屈に合わす必要がないほど、はっきりすることです。わざわざ理屈に合わせる必要がないほどはっきりする。

兵頭 どうしても現実ということに。

安田 妄想が不安だとか苦しいとかということは、我が苦しいのです。その我執というものが無始以来の自分の立場だった。だから、底が抜けたということ。ガラッと底が抜けた。我執が自分の立場を一歩も退こうとしなかった。その底が抜けた。ガラッと落ちたらそこに南無阿弥陀仏。自分の座ったところがはずれた。

兵頭 我というものは、そういう自分の足下が砕けるのですか。

安田 そうです。ドタンと落ちてみれば大地に着いた。我というものは、高いところへ上がっているから、自分からいえば落ちた。その落ちたところが立ち上がるところです。落ちたのは機の深信であり、立ち上がるのは法の深信。自力無効と落ちた。そこに本願に生

自力・我執が打ち砕かれるということが呼びかけ

きる。

兵頭　本願力回向ですか。

安田　そうです。これまで我執で生きていたのが本願力に立ち上がる。体が死ぬのは何でもない。我執が砕けるのは死ぬのです。

兵頭　これは呼びかけに遇わないと。

安田　我執が砕けたというのが、それが呼びかけの事実です。

兵頭　呼びかけというのは、外から聞くのではない。

安田　呼びかけを考えるのではない。呼びかけを待っているのではない。自力・我執というものが打ち砕かれるということが呼びかけです。待つのは考えた呼びかけです。妄想が破られた。我執が砕かれた。それが呼びかけです。南無にかえらされる。われわれからいえば落ちた。本願からいえば呼びかけられた。落ちたところが待たれていたところです。そのほかに呼びかけというものはありません。描く呼びかけではなく、事実です。妄想を造っているのは我執です。

兵頭　我執だと思わない。我だと思っていた。

安田　我執は罪というのです。

兵頭　我執が罪ですか。仏の言われることを疑うのが我執ですか。

安田　そうです。仏を信じていない。自分の力にしようとする。それが罪です。だからす

前念命終、後念即生

疑い

助かる必要のなくなったという助かり方。それが信仰の助かり方

べてが妄想である。妄想の原因を押さえなければならない。その元は我執です。

兵頭　原因がなかなか掴めない。

安田　ああそうであったか、と我執を懺悔する。底が抜けるということが一番よい。自力の底が抜けて地に着く。地に着くのは死ぬ。死んだところで立ち上がる。前念命終《ぜんねんみょうじゅう》、後《ご》念即生《ねんそくしょう》という。体が死んでからということではない。自力の我執が死する。それが本当に死ぬのです。本願というのは、死んで生かす力です。だから殺人剣活人刀。我執を殺す剣が、また生かす剣。南無阿弥陀仏は我執を殺すと共にまた生かす。これまでは我執を殺すどころではなく、それを大事にしていた。それを命と思っていた。それが如来を悩まし自分を悩ましていた。

兵頭　如来を悩ますということに気がつかなかった。如来を悩ますという問題になると、疑いから起こるのですか。

安田　疑いというものも我執があるから疑う。疑うというのは本願そのものになれない。本願を利用しようとする。信ずるようであるが、実は疑い。

兵頭　本願に見抜かれているということに疑いは。

安田　疑いというのは、我執が造った妄想です。我執から出てくるものは欲です。助かりたいというのも欲です。如来には助かりたいということはありません。助からなくてもよいというのが如来の心です。だから、信仰というのは助かる必要のなくなったという助か

り方。それが信仰の助かり方です。ただ助かりたいというのは欲です。もう助かる必要がないという、それが純粋な助かり方です。

兵頭　お助けをたのむということに。

安田　本願をたのむということができたのがお助けです。だからそれ以外のお助けはいらないと言える。助かるためにたのむのではない。助かるか、助からないか、そういうことは、われわれはわからない。助かっても助からなくても、そういう妄想は捨てて本願に全部任せる。何もかもあなたに任せる。

兵頭　これまでの言葉によると、お助けをたのむ。たのんで助かって、成就という。

安田　たのむことができたのがお助けです。別に助かっても助からなくても仏に任せておいたらよい。仏のお心にただ生きる、ということです。それを本願の力を借りて自分で助かるようにしようと頑張っている。頑張っていてもそれは役に立たないとわかった。それが全部我執ということが気がつかないからです。それが妄想です。我執だということに気がつけば、回心懺悔ということがある。如来は本来、南無阿弥陀仏として成就されているのに、不要な手を出していた。すまなかったということになる。

兵頭　はっきりさして頂きました。

安田　煩悩を憎んで、我執で力が足りないから、念仏の力を借りて、煩悩を取り除こうとしていた。本願を利用して、自分の煩悩を叩き壊そうと考えていた。それが我執です。煩

我執が知らされたということは、呼びかけに遇ったこと

悩を自分で壊そうとたのんだ本願が煩悩を転ずるが、煩悩を本願に任せればよい。

兵頭　任すということがなければ。

安田　我執があれば任せられない。大体そういうことで信仰というものは尽きていると思う。

兵頭　我執も呼びかけに遇えば。

安田　我執が見えたということは、呼びかけの智恵、信心の智恵です。我執が知らされたということは呼びかけに遇ったということです。呼びかけと共に呼びかけに応えたということになる。そうすれば、そのまま如の中に入っている。落ちたところは南無阿弥陀仏です。

兵頭　死にそうに思っても生があって、こうしてお話の心を頂いてみれば、わかるわけです。

安田　わかるようにできているのを、これまで自分の頭で翻訳していたのです。それでわからなくなった。

兵頭　いちいち理屈に取り合わないようにはできないのです。そうして仏法を話にしてしまっていました。

安田　話では腹がふくれない。生きた現実の本願でないと満足できないでしょう。我執に生きている人間は本当に生きていません。夢を食べて生きているようなものです。信心が

本願海

本願に死して本願に生まれる

はっきりしなければ、死ぬこともできないし、生きることもできない。体は死んでも我執は残る。我執が死ねば、体は安らかに死ねる。

兵頭　我執は自分では殺せません。

安田　殺せないとわかったときに殺される。我執の底です。底が本願です。本願は我執よりもっと深いのです。底のないのが本願。底のない本願に底をつけていた。

兵頭　我執が底をつけていた。

安田　本願に落ち込むのです。本願海といって、海は沈むところでしょう。けれどもまた浮かべるところです。水は浮かべるのです。殺すものであると共に生かすものです。我執を殺すものであると共に、またわれわれを浮かべるところです。

兵頭　我執を殺す。

安田　我執はまだ浅いものです。本願は底がない。宙ぶらりんであったものが、海の中に落ちるでしょう。そこが本願の中に浮かぶところです。本願に死して本願に生まれる。我執が砕けるのです。我執は底のないところへ底を入れていたが、いらない底です。本願は海でもよいが大地でもよいのです。形がない底のない本願の中に宿業で生きていた。宿業の上に生きたり、死んだりすることがある。本願には生きたり死んだりすることはない。この一生で死ぬのはこの体ですが、本当に死ぬのは、本願に死し、また本願に生きる。永遠に不滅の道です。我執が迷っていたのです。理屈というものは小賢しい。本願の中にあ

ここに自分があった。それより先に本願があった

本願の大地

りながら計らうのが我執の小賢しさです。だからそれに気づけば無邪気になれる。死するときには死し、生まれるときに生まれる。業に任せる。本当の意味で死するということは我執が死ぬこと。あるいは本願に生きること。本願の底まで我執を打ち破って死ぬ。

兵頭　この自分の心の底から出るものが本願。

安田　ここに自分があった。それより先に本願があった。自分より先にある。どこまで行っても先に本願がある。

兵頭　自分はいつまでも本願を踏み台にしている。本願は深いとは聞いていても、本願は高いところにあるように聴聞していました。

安田　本願が大地でしょう。海といってもよいが大地です。それが信心の立つところで、本願の大地に足が届いたということが信心です。大地を見つければ空は無量光。信心の空です。天も地も南無阿弥陀仏。人間はその真ん中にあるのです。如来は本願として地となり、光として空となる。大地の天地に覆われているという。そういうところに人間の宿業がある。その宿業には分限がある。天も地も終わりもなく始めもないが、宿業は生まれたり死んだりする。それを人間というのです。

兵頭　人間は身にあるといってよいのですか。

安田　人間全体です。

兵頭　遠いところにあるように思いましたが、それほど近いものとは、思いませんでした。

業報の身を転じて法身を得る

安田　宿業という大地を背負っておられるのが本願。それに気がつけば、大地というものはあらゆるものを乗せる。富士山は重い、茶わんは軽いということはない。平等無心です。無心の心、それが如来の心。だから、善人も悪人も平等に乗せられている。だから、われわれは宿業に目覚めて、その宿業を背負っている。無心の心に目を覚ます。そういう信心を頂けば、光でないものはない。全部光の世界です。

兵頭　四海兄弟ですか。

安田　そういうところに生とか死とかは入らない。人間の宿業に生まれ、宿業を果たして死んでゆく。本願に生まれ本願に死んでゆく。死が恐ろしいのは、妄想が考えた死に脅かされる。人間の死にたくないという心が、死に脅かされるのです。死んでもよい心は脅かされない。そうでしょう。南無阿弥陀仏に生まれ南無阿弥陀仏に死んでいく。不生の生、不死の死です。兵頭という名前の人間は死んでも、南無阿弥陀仏という自己が永遠に生きる。兵頭とか安田という名前がみんな消えて、南無阿弥陀仏という平等の名が与えられる。業報の身を転じて法身を得る。南無阿弥陀仏は法身です。業報の身を転じて無碍光の身を得る。

兵頭　こうして聞かせて頂いて、後でノートを読むたびに、先生のお話を聞くように思います。

安田　信心がはっきりしないと死なれないと思ったが、また死ぬまでいよいよ信仰を深めてゆく。そういうところに業の意味がある。一念の信を無限に深めていく。各人各人業が与えられているのですから、信心を明らかにするために生かされていることになる。無責任に与えられているのではない。信心というものは一応得たものであると共に、また無限に深いものである。われわれが生まれ変わり生まれ変わりしてもまだ尽きない。だから死ぬまで縁があれば明らかにしていかなければならない。それが生きている喜び、楽しみです。不信を縁として深めていくのです。一遍わかったら、後はどうでもよいのではない。わかったら一層明らかにしていきたいというものです。わからないから聞くというよりも、むしろわかったから聞く。わかればわかるほど、聞きたい。これが本当です。

兵頭　長い間お育てにあずかり、ようやく気づかせて頂きました。何とも有難うございました。

〈注〉

①（140頁）**奥様に書いて頂いた**

「奥様」とは、安田理深先生のご夫人の安田梅様。四国の宇和島にすむ兵頭格言氏が一九五八（昭和三十三）年から毎年一度、数日がかりで京都上賀茂の安田理深先生を訪ねて、浄土真宗の信仰についてじっくりと対話された。いつもそばで一緒に聞法されていた梅奥様が、毎年同じところで足踏みするごとく、なかなか紙一枚のところが突破できない兵頭氏のために、四国へ帰って読み直すためのノートとして、安田先生との対話を速記された。それを伝え聞いた山下成一さんがこれを同じような疑問に悩む聞法者のためにとて、印刷したのが、本書の元になったものである。

---

②（149頁）如来というのは本来の自己です

浄土教一般では、此土・彼土が対称され、此土に生きる自己（凡夫）と如来が対称される。したがって、自己はどこまでも有限・愚悪・罪障・有漏《うろ》であり、如来は無限・知恵慈悲具足・無漏であって、絶対に対蹠的である。「本来の自己」という表現は、禅語に由来するものと思われるが、いわゆる自己の掘り下げで一如が出てくるというのなら、普通には浄土教の教相とは馴染まないとされるであろう。安田氏が敢えてこういう表現で絶対他力の教えの中核を示すのは、教相にとらわれて、信仰によって獲得されるべき自然法爾《じねんほうに》の生命を、相対的二分の対象的実体観でしか理解しようとしない対話者（質問者）の発想を破るためであろう。同時にそれは、近代の人間の理知的対象化を超えて、本願他力のはたらきが具体的実存に生きていることを示すものでもあると思う。「本来の自己」と言ったからといっても、理想的・理念的実体としての自己等ということではもちろんない。本願に翻《ひるがえ》された信念が、いわゆる自己を破って現われた「自己」であるということである。一般的には、自己をどこに求めても、我執の自己を離れられない。そのかぎりは、自己は自我でしかない。唯識論のいうところの「マナ識」を離れた「アラヤ識」はない。アラヤと名付けられるかぎりの自己は、自我の執心に、寝ても醒めても纏《まと》わりつかれている。三大阿僧祇《あそうぎ》の修道を経て、妄念の識を転じて智を得た（転識得智《てんじきとくち》）ときには、第八識はアラヤの名を捨てて大円鏡智《だいえんきょうち》となるといわれる。そのとき自我の固執のマナ識は、平等性智《びょうどうしょうち》となる。それは、いうは易く実現することはほとんど難しい。まして凡夫においてをや。

　この凡夫の自我の固執を破らんとして、一如から本願が発起すると教えられるのである。それに触れて、本願に信順する心が信心である。この心が、凡心ではなく、本願を因とする無漏《むろ》のこころなるがゆえに、如来の心であるというのである。

③（188頁）往生の証拠、如来の証拠、自己の証拠

「自分のなかに自分を破って名乗ってくる如来」と前頁にあるが、本願の名号が自己に「呼びかけ」としてはたらくとき、用《はた》らく法となった名号は、自己の外から呼ぶものではなく、自己の本来の声としてうなずかれる。道理にうなずく心が、南無を招喚と感知し、南無しようという意欲を、一如からの勅命といただくのである。これを声なき声といわれてあるが、この内なる声を勅命と感受するとき、本願はここに自身

を成就する。本願の成就の事実にあずかる身には、理知の疑惑が入り得ない。信心が成就の絶対の証拠である。それを、往生の証拠とも言えるし、如来の証拠とも言えるのである。

本願を何か外にある実体のはたらきと考えるから、そういう思考の在り方を否定して、本願の成就は自己における信心の事実であるということを、徹底して語るのである。

本書は草光舎刊『信仰についての対話　Ｉ』（平成九年一月五日発行　第一刷）を底本として復刊するものですが、読者の便宜をはかって、本文の上欄に見出しになるようなキーワード、および安田理深師の重要語句などを、本多弘之先生のご許可を得て新たに付けさせていただきました。

（大法輪閣編集部）

信仰についての対話 I

平成27年4月10日　第1刷発行 ©

著　者　安田理深
発行人　石原大道
印刷・製本　三協美術印刷株式会社
発行所　有限会社　大法輪閣
東京都渋谷区東2－5－36　大泉ビル2F
TEL　(03) 5466－1401(代表)
振替　00130－8－19番
http://www.daihorin-kaku.com

ISBN978-4-8046-1372-7　C0015　Printed in Japan

大法輪閣刊

『唯信鈔』講義　安冨信哉 著　二〇〇〇円

もう一つの親鸞像『口伝鈔』講義　義盛幸規 著　二四〇〇円

精読・仏教の言葉 親鸞 新装版　梯 實圓 著　一九〇〇円

これだけは知っておきたい 浄土真宗の基礎知識　大法輪編集部編　一五〇〇円

新装版「唯識」という生き方 自分を変える仏教の心理学　横山紘一 著　一八〇〇円

唯識の読み方（オンデマンド版）　太田久紀 著　六〇〇〇円

大無量寿経講義 全6巻 曽我量深・金子大栄・安田理深・蓬茨祖運他著　セット二四八〇〇円 分売可

曽我量深選集 全12巻（オンデマンド版）　セット八二八〇〇円 分売可

曽我量深講義集 全15巻（オンデマンド版）　セット四〇八〇〇円 分売可

安田理深講義集 全6巻（オンデマンド版）　セット一六〇〇〇円 分売可

月刊『大法輪』 昭和九年創刊。宗派に片寄らない、やさしい仏教総合雑誌。毎月十日発売。　八七〇円（送料一〇〇円）

表示価格は税別、平成27年4月現在。書籍送料は冊数にかかわらず210円。